KOMMUNIKATION IM PERSONALMANAGEMENT

Sven Tebeck

KOMMUNIKATION IM PERSONALMANAGEMENT

Der Schlüssel zu einer erfolgreichen

Personalentwicklung

Bibliografische Information der Deutschen Nationalbibliothek: Die Deutsche Nationalbibliothek verzeichnet diese Publikation in der Deutschen Nationalbibliografie; detaillierte bibliografische Daten sind im Internet über dnb.dnb.de abrufbar.

Verlag: BoD · Books on Demand GmbH, Überseering 33, 22297 Hamburg, bod@bod.de
Druck: Libri Plureos GmbH, Friedensallee 273, 22763 Hamburg

ISBN: 978-3-8192-1079-2

Inhalt

Prolog

Dewi stand am Fenster ihres Büros und blickte nachdenklich auf die Stadt hinaus. Seit Jahren arbeitete sie in der Personalentwicklung und hatte zahlreiche Veränderungsprozesse begleitet. Sie wusste, dass Menschen ihr größtes Potenzial dann entfalten, wenn sie sich verstanden, wertgeschätzt und gefördert fühlten. Doch immer wieder erlebte sie Situationen, in denen Kommunikation nicht funktionierte – Missverständnisse entstanden, wichtige Botschaften gingen verloren und Motivation verwandelte sich in Frustration.

Besonders eine Situation aus der Vergangenheit hatte sich tief in ihr Gedächtnis eingebrannt: Ein talentierter Kollege hatte nach jahrelanger Betriebszugehörigkeit überraschend gekündigt. In seinem Abschiedsgespräch sagte er:

„Ich hatte das Gefühl, meine Entwicklungsmöglichkeiten hier sind begrenzt. Ich wusste nicht, welche

Perspektiven ich habe – und irgendwann hat sich das so angefühlt, als würde ich auf der Stelle treten."

Diese Worte ließen Dewi nicht los. Hätte eine offene, klare Kommunikation diesen Verlust verhindern können? Hätten regelmäßige Gespräche über Entwicklungsperspektiven ihn motiviert, im Unternehmen zu bleiben?

Mit der Zeit wurde ihr immer bewusster: Kommunikation ist der Schlüssel. Nicht nur für den Erfolg eines Unternehmens, sondern auch für die Zufriedenheit und Bindung der Mitarbeitenden. Kommunikation schafft Vertrauen, Orientierung und Perspektiven – oder eben Unsicherheit und Frustration, wenn sie nicht gelingt.

Dieses Buch gründet in diesen Erfahrungen. Es soll zeigen, wie Kommunikation in der Personalentwicklung gezielt eingesetzt werden kann, um Menschen zu fördern, Teams zu stärken und Unternehmen erfolgreicher zu machen. Anhand von praxisnahen Beispielen, bewährten Modellen und erprobten Methoden begleitet dieses Buch die Leser auf dem Weg zu einer bewussteren und wirkungsvolleren Kommunikation.

Denn am Ende ist es die Art, wie wir miteinander sprechen, die darüber entscheidet, ob wir gemeinsam wachsen – oder uns verlieren.

Einführung

Warum Kommunikation

der Schlüssel zum Erfolg ist

Dewi betrat ihr Büro an einem Montagmorgen mit einem Gefühl der Vorfreude – aber auch mit einer gewissen Unsicherheit. Als frisch ernannte Personalentwicklerin in einem mittelständischen Unternehmen stand sie vor einer großen Aufgabe: Sie sollte die interne Weiterbildung und Mitarbeiterförderung neu strukturieren.

Ihr Schreibtisch war bereits mit Unterlagen bedeckt. Strategiepapiere, Weiterbildungsprogramme und Berichte aus Mitarbeitergesprächen – alles wirkte unübersichtlich. Doch eines wurde ihr schnell klar: Ohne eine klare und durchdachte Kommunikation würde keine dieser Maßnahmen ihren gewünschten Effekt erzielen.

Genau hier liegt die zentrale Bedeutung der Kommunikation in der Personalentwicklung. Unternehmen investieren in Schulungen, Workshops und Mentoring-Programme, doch der

Erfolg dieser Maßnahmen hängt maßgeblich davon ab, wie sie kommuniziert, vermittelt und in die Unternehmenskultur integriert werden.

Dewi erinnerte sich an ihr erstes Gespräch mit ihrer Mentorin, Frau Berger, einer erfahrenen Human Resources (HR)-Managerin. „Personalentwicklung ist mehr als nur eine Ansammlung von Trainings und Coachings", hatte Frau Berger gesagt. „Es geht darum, die Mitarbeitenden abzuholen, ihnen Perspektiven aufzuzeigen und sie aktiv in ihre eigene Entwicklung einzubinden. Und das funktioniert nur, wenn wir die Kommunikation richtig angehen."

Tatsächlich ist Kommunikation das Rückgrat jeder erfolgreichen Personalentwicklung. Sie sorgt dafür, dass…

…Mitarbeitende verstehen, welche Entwicklungsmöglichkeiten sie haben.

…Führungskräfte erkennen, wie sie ihre Teams individuell fördern können.

…Wissen effektiv vermittelt und ausgetauscht wird.

Eine Kultur des Feedbacks und des offenen Dialogs entsteht.
Dewi begann, sich Notizen zu machen: *Wie kann Kommunikation in der Personalentwicklung gezielt eingesetzt werden? Welche Herausforderungen gibt es und welche Best Practices haben sich bewährt?* Diese Fragen wollte sie im Laufe ihrer Arbeit beantworten – und dabei gleichzeitig den Wandel in ihrem Unternehmen aktiv mitgestalten.

In den kommenden Kapiteln begleiten wir Dewi auf ihrer Reise durch die Welt der Personalentwicklung und erfahren, wie Kommunikation in verschiedenen Bereichen – vom Onboarding neuer Mitarbeitender bis hin zur Entwicklung von Führungskräften – eine Schlüsselrolle spielt.

Was bedeutet Personalentwicklung?

Ein Überblick über

Ziele und Methoden

Um zu verstehen, wie Kommunikation helfen kann, die Personalentwicklung zu optimieren, lohnt es sich, zunächst den Begriff zu definieren. Personalentwicklung umfasst sämtliche Maßnahmen, die darauf abzielen, die Qualifikation von Mitarbeitenden zu erhalten und zu verbessern. Im engeren Sinne gehören dazu Ausbildung, Fortbildung und Umschulung. Im weiteren Sinne schließt sie auch die individuelle Förderung von Mitarbeitenden ein. In der weitesten Definition wird sie Teil der Organisationsentwicklung, die einen umfassenden Veränderungsprozess anstößt und die Leistungsfähigkeit des gesamten Unternehmens steigert.

Dewi hatte schnell erkannt, dass Personalentwicklung weit mehr war als nur ein abstraktes Konzept. In einem ihrer ersten Meetings mit der Geschäftsführung saß sie Herrn Schneider, dem Geschäftsführer, gegenüber. Er lehnte sich in seinem Stuhl zurück, faltete die Hände und blickte sie mit ernster Miene an. „Wir brauchen eine klare Strategie, Dewi", sagte er. „Es geht nicht nur darum, Seminare anzubieten. Wir müssen unsere Talente langfristig entwickeln und binden."

Diese Worte hallten in Dewis Kopf nach. Sie spürte die Verantwortung, die mit ihrer neuen Rolle einherging. Während sie die verschiedenen Definitionsebenen der Personalentwicklung durchging, wurde ihr bewusst, dass Kommunikation in jeder dieser Stufen eine entscheidende Rolle spielte. Wenn Mitarbeitende nicht verstehen, welche Entwicklungsmöglichkeiten ihnen zur Verfügung stehen, bleibt selbst das beste Weiterbildungsangebot wirkungslos. Ebenso müssen Führungskräfte erkennen, dass Personalentwicklung nicht nur eine Aufgabe der HR-Abteilung ist, sondern ein integraler Bestandteil ihrer eigenen Führungsarbeit.

Nach dem Meeting saß Dewi an ihrem Schreibtisch und machte sich eine Notiz: *Wie kann ich sicherstellen, dass Personalentwicklung nicht nur auf dem Papier steht, sondern in unserer Unternehmenskultur verankert wird?* Sie wusste, dass dies keine leichte Aufgabe sein würde – aber sie war entschlossen, einen Weg zu finden.

Kommunikation als Fundament einer erfolgreichen Personalentwicklung

Kommunikation ist der Schlüssel zur erfolgreichen Personalentwicklung. Sie ermöglicht den Austausch von Informationen, Ideen und Erwartungen zwischen den Mitarbeitern und dem Management. Dieser Austausch ist notwendig, um die individuellen Bedürfnisse und Ziele der Mitarbeiter zu verstehen und entsprechende Entwicklungsmaßnahmen gezielt zu planen.

Dewi wurde dies sehr schnell bewusst. Sie hatte mittlerweile einige Wochen in ihrer neuen Position verbracht und erkannte, dass Personalentwicklung weit über das bloße Anbieten von Schulungen hinausging. Während eines informellen Gesprächs mit Markus, einem Kollegen aus der IT-Abteilung, wurde ihr klar, dass vielen Mitarbeitenden nicht bewusst war, welche Möglichkeiten ihnen offenstanden.

„Viele von uns wissen gar nicht, welche Angebote es gibt oder wie sie davon profitieren können", sagte Markus. „Es wäre hilfreich, wenn wir mehr direkte Gespräche darüber führen würden."

Dewi nickte nachdenklich. Genau dieser Punkt war bereits in einem der letzten Teammeetings angesprochen worden. Einige Mitarbeitende hatten Bedenken geäußert, weil sie nicht wussten, wie die geplanten Weiterbildungsmaßnahmen konkret auf sie zutrafen. Andere hatten geäußert, dass sie sich in der Fülle der Möglichkeiten verloren fühlen. Dewi wurde klar: Ohne offene und transparente Kommunikation konnte kein Vertrauen in den Entwicklungsprozess entstehen.

Um eine nachhaltige Verbesserung zu erzielen, wandte sie sich an ihre Mentorin, Frau Berger. Sie hoffte, bei ihr wertvolle Impulse für eine effektive Kommunikationsstrategie zu erhalten.

„Transparenz und Dialog sind essenziell", erklärte Frau Berger, als Dewi ihr die Situation schilderte. „Wenn Mitarbeitende das Gefühl haben, dass sie gehört werden und ihre Entwicklung aktiv mitgestalten können, steigt ihre Motivation enorm. Das Wissen über Weiterbildungsmöglichkeiten allein reicht nicht aus – sie müssen auch verstehen, warum und wie diese Maßnahmen ihnen helfen."

Dewi erkannte, dass Kommunikation nicht nur darin bestand, Informationen bereitzustellen, sondern auch die Notwendigkeit beinhaltete, zuzuhören, Bedürfnisse zu erfassen und eine Kultur des offenen Dialogs zu fördern. Sie machte sich einige Notizen:

Wie kann ich Kommunikation gezielt nutzen, um Vertrauen in den Entwicklungsprozess zu schaffen?

Welche Formate eignen sich für einen regelmäßigen Austausch zwischen Mitarbeitenden und Führungskräften?

Wie kann ich sicherstellen, dass Mitarbeitende sich nicht nur informiert, sondern auch gehört und ernst genommen fühlen?

Mit diesen Fragen im Kopf begann Dewi, ein Konzept für regelmäßige Feedback-Runden und Informationsveranstaltungen zu entwickeln. Ihr Ziel war es, einen Raum für offenen Austausch zu schaffen, in dem die Personalentwicklung als ein gemeinsamer Prozess wahrgenommen wurde – nicht als eine Reihe anonymer Maßnahmen, sondern als echte Chance für individuelle und kollektive Weiterentwicklung.

Die Bedeutung einer starken Feedbackkultur

Ein wichtiger Aspekt der Kommunikation in der Personalentwicklung ist die Feedbackkultur. Regelmäßiges Feedback ermöglicht es Mitarbeitern, ihre Stärken und Schwächen zu erkennen und gezielt an ihrer beruflichen Weiterentwicklung zu arbeiten. Gleichzeitig hilft es dem Management, die Bedürfnisse der Mitarbeiter besser zu verstehen und

Maßnahmen zur Förderung ihres Potenzials zu entwickeln.

Dewi bemerkte, dass es in ihrem Unternehmen zwar einige Feedbackrunden gab, diese jedoch oft als reine Formsache behandelt wurden. In einem Gespräch mit ihrer Mentorin Frau Berger sprach sie ihre Bedenken an. „Viele Mitarbeitende wissen gar nicht, wo sie stehen, weil Feedbackgespräche oft unklar oder zu allgemein sind. Manchmal bekommen sie gar keine Rückmeldung, außer wenn etwas schiefläuft."

Frau Berger nickte verständnisvoll. „Das ist ein häufiges Problem. Menschen brauchen Orientierung. Feedback sollte keine Einbahnstraße sein, sondern ein ehrlicher Dialog, der beide Seiten weiterbringt."

Diese Worte gaben Dewi zu denken. Kurz darauf führte sie ein Gespräch mit Markus aus der IT-Abteilung. „Weißt du, Dewi, es gibt hier so viele talentierte Leute, aber oft wissen sie gar nicht, ob ihre Arbeit geschätzt wird oder wo sie sich verbessern können. Wenn Feedback nur in

Jahresgesprächen kommt, ist es meistens zu spät."

Dewi beschloss, dieses Thema in der nächsten Führungssitzung anzusprechen. „Wir geben unseren Mitarbeitenden zu selten konstruktives Feedback", sagte sie entschlossen. „Viele von ihnen fühlen sich orientierungslos, weil sie nicht wissen, ob sie auf dem richtigen Weg sind. Und wenn Feedback kommt, dann oft in Form von Kritik und nicht als konstruktive Unterstützung."

Herr Schneider, der Geschäftsführer, sah sie nachdenklich an. „Sie haben recht, Dewi. Feedback ist entscheidend, aber es muss richtig gegeben werden. Wir wollen niemanden demotivieren, sondern Entwicklungsmöglichkeiten aufzeigen."

Dewi machte sich Notizen: Wie können wir eine Kultur des ehrlichen, konstruktiven und wertschätzenden Feedbacks etablieren? Welche Methoden und Formate eignen sich am besten?

Sie begann, verschiedene Möglichkeiten zu recherchieren. Regelmäßige informelle Check-ins, Peer-Feedback-Runden und eine offene Feedbackkultur, die nicht nur top-down, sondern auch zwischen Kolleginnen und Kollegen funktionierte, könnten helfen. Gemeinsam mit Frau Berger plante sie eine Schulung für Führungskräfte, um ihnen zu zeigen, wie man Feedback gezielt und motivierend einsetzt.

Nach und nach veränderte sich das Klima im Unternehmen. Mitarbeitende fühlten sich gehört und wertgeschätzt, und Dewi spürte, dass sie auf dem richtigen Weg war. Eine offene Feedbackkultur fördert den Dialog zwischen Mitarbeitenden und Führungskräften, hilft, Missverständnisse frühzeitig zu erkennen, und stärkt das Vertrauen im Unternehmen. Sie schafft eine Atmosphäre, in der sich alle weiterentwickeln können – und genau das war Dewis Ziel.

Wissensaustausch und Wissenstransfer gezielt fördern

Der Austausch von Wissen und Informationen ist ein zentraler Bestandteil der Personalentwicklung. Mitarbeiter sollten regelmäßig über neue Entwicklungen in ihrem Fachgebiet informiert werden, sei es durch Schulungen, Seminare, Workshops oder durch moderne Lernplattformen. Doch Dewi erkannte, dass Wissen nicht nur durch formelle Weiterbildungen vermittelt wurde. Besonders wertvoll war das Erfahrungswissen langjähriger Mitarbeitender, das oft in informellen Gesprächen weitergegeben wurde – und allzu häufig verloren ging, wenn Mitarbeitende das Unternehmen verließen.

Eines Tages führte Dewi ein Gespräch mit Thomas, einem Mitarbeiter, der bereits seit zwanzig Jahren in der Firma tätig war. „Früher haben wir uns einfach zusammengesetzt und ausgetauscht, aber mittlerweile fehlt die Zeit dafür", sagte er. „Viel Wissen geht verloren, weil es nirgendwo festgehalten wird." Diese Worte ließen Dewi nicht los. Sie wusste, dass sie eine Lösung finden musste, um dieses Wissen systematisch zu bewahren und weiterzugeben.

Gemeinsam mit ihrem Team entwickelte sie ein Konzept für einen internen Wissensaustausch. Sie führte regelmäßige „Lunch & Learn"-Sessions ein, in denen Mitarbeitende ihr Wissen in lockerer Atmosphäre teilten. Außerdem richtete sie eine digitale Plattform ein, auf der Best Practices und Fachwissen dokumentiert wurden. Besonders spannend war das Mentoring-Programm, das sie ins Leben rief: Erfahrene Mitarbeitende wurden gezielt mit neuen Teammitgliedern vernetzt, um den Wissenstransfer nachhaltig zu gestalten.

Schon nach wenigen Monaten bemerkte Dewi eine Veränderung: Der Austausch wurde intensiver, Mitarbeitende suchten aktiv den Dialog und das Unternehmen entwickelte eine dynamische Lernkultur. Es war ihr gelungen, eine Umgebung zu schaffen, in der Wissen nicht nur bewahrt, sondern aktiv weitergegeben wurde – ein entscheidender Schritt für die langfristige Personalentwicklung.

Motivation und Mitarbeiterbindung durch gelungene Kommunikation

Die Kommunikation in der Personalentwicklung trägt maßgeblich zur Motivation und Mitarbeiterbindung bei. Mitarbeiter, die das Gefühl haben, dass ihre persönlichen Ziele und Bedürfnisse ernst genommen werden, sind in der Regel engagierter und zufriedener. Klare Karriereperspektiven und Entwicklungsmöglichkeiten, die offen und transparent kommuniziert werden, stärken die emotionale Bindung an das Unternehmen.

Dewi bemerkte, dass in ihrem Unternehmen genau an dieser Stelle Nachholbedarf bestand. In Gesprächen mit Mitarbeitenden hörte sie immer wieder Unsicherheiten heraus: „Ich weiß nicht, welche Entwicklungsmöglichkeiten ich hier überhaupt habe." Oder: „Ich würde mich gerne weiterbilden, aber ich habe keine Ahnung, welche Optionen es gibt." Diese Sätze machten Dewi nachdenklich.

Ein Gespräch mit einer jungen Kollegin aus dem Marketing verdeutlichte das Problem noch weiter: „Ich bin motiviert, aber ich habe keine klare Perspektive. Gibt es hier überhaupt einen Plan für meine Weiterentwicklung?"

Dewi wurde klar: Eine strategische Personalentwicklung musste mehr sein als ein bloßes Angebot von Schulungen. Sie musste ein klares System schaffen, das die Entwicklungsmöglichkeiten für alle transparent machte.

Gemeinsam mit ihrem Team entwickelte sie daher ein internes Mentoring-Programm, bei dem erfahrene Mitarbeitende ihre Karrierewege und Erfahrungen mit jüngeren Kolleginnen und Kollegen teilten. Zusätzlich schlug sie der Geschäftsleitung regelmäßige Entwicklungsgespräche vor – nicht als starres Bewertungssystem, sondern als echte Chance für Mitarbeitende, über ihre beruflichen Ziele zu sprechen und individuelle Fördermöglichkeiten zu erkunden.

Doch das allein reichte Dewi nicht. Sie wollte nicht nur über Entwicklungsmöglichkeiten sprechen, sondern auch darauf achten, dass sich die Mitarbeitenden gehört fühlten. Deshalb führte sie ein anonymes Feedback-Tool ein, mit dem jeder seine Wünsche, Sorgen und Ideen direkt an die Personalentwicklung weitergeben konnte. So bekam sie wertvolle Einblicke in die tatsächlichen Bedürfnisse der Belegschaft und konnte gezielt darauf eingehen.

Am Ende ihres Arbeitstags notierte sich Dewi: *Welche weiteren Maßnahmen können wir ergreifen, um Entwicklungsmöglichkeiten noch sichtbarer zu machen? Wie können wir sicherstellen, dass sich alle Mitarbeitenden aktiv in ihre eigene Entwicklung eingebunden fühlen?*

Schlussfolgerung

Die Bedeutung der Kommunikation in der Personalentwicklung sollte keinesfalls unterschätzt werden. Sie ist ein Schlüsselfaktor, um die Potenziale der Mitarbeiter zu erkennen und zu fördern. Eine effektive Kommunikation ermöglicht es, die individuellen Bedürfnisse und Ziele der

Mitarbeiter zu verstehen, eine offene Feedbackkultur zu etablieren, Wissen und Informationen auszutauschen und die Motivation und Bindung der Mitarbeiter zu stärken.

Dewi blickte auf die vergangenen Monate zurück. Ihr Unternehmen hatte sich verändert – nicht durch große, revolutionäre Maßnahmen, sondern durch viele kleine, bewusste Schritte in Richtung einer besseren Kommunikationskultur. Die Einführung regelmäßiger Feedbackgespräche, transparente Karrierewege und eine aktivere Einbindung der Mitarbeitenden in ihre eigene Entwicklung hatten dazu beigetragen, das Engagement und die Zufriedenheit im Unternehmen spürbar zu steigern.

In der heutigen Wissensgesellschaft ist die Fähigkeit, erfolgreich zu kommunizieren, ein entscheidender Erfolgsfaktor für die Personalentwicklung und die langfristige Zukunft eines Unternehmens.

Dewi wusste, dass ihre Arbeit hier nicht endete – sie hatte erst den Grundstein gelegt für eine neue Art der Personalentwicklung, in der Kommunikation nicht nur ein Werkzeug, sondern der Schlüssel zum Erfolg war.

Zielsetzung des Buches:

Was Sie erwartet

Die Bedeutung der Kommunikation in der Personalentwicklung ist ein vielschichtiges und bedeutendes Thema, das in Unternehmen und Organisationen oft unterschätzt wird. Dieses Buch hat das Ziel, die Bedeutung der Kommunikation in der Personalentwicklung umfassend zu beleuchten und ihre Rolle als entscheidenden Erfolgsfaktor für die Weiterentwicklung von Mitarbeitern und Organisationen zu verdeutlichen. In diesem Kapitel möchte ich die Zielsetzung dieses Buches näher erläutern.

Bewusstsein für

Kommunikationsprozesse schaffen

Ein Hauptziel dieses Buches besteht darin, das Bewusstsein für die Relevanz der Kommunikation in der Personalentwicklung zu schärfen. Viele Unternehmen konzentrieren sich hauptsächlich auf Schulungen und

Weiterbildungsmaßnahmen, während die Bedeutung einer effektiven Kommunikation oft vernachlässigt wird. Ich möchte den Lesern verdeutlichen, dass wirksame Kommunikation nicht nur ein unterstützender Aspekt, sondern ein Grundpfeiler der Personalentwicklung ist.

Dewi machte diese Erfahrung hautnah, als sie ihr erstes Mitarbeitergespräch führte. Ihr Gegenüber, eine junge Marketing-Spezialistin, wirkte frustriert: „Ich wusste gar nicht, dass es ein Budget für Weiterbildungen gibt. Hätte ich das früher gewusst, hätte ich schon längst eine Fortbildung besucht." Dieser Moment ließ Dewi erkennen, dass viele wertvolle Entwicklungsmöglichkeiten ungenutzt blieben – schlichtweg, weil nicht ausreichend kommuniziert wurde.

Best Practices in der Personalentwicklung

In diesem Buch werde ich erfolgreiche Praktiken und Fallbeispiele präsentieren. Dies soll den Lesern konkrete Anregungen und Vorstellungen liefern, wie eine effektive Kommunikation in der Personalentwicklung umgesetzt werden kann. Ich werde Erfahrungen teilen, die Unternehmen dabei halfen, die Motivation, die Mitarbeiterbindung und die Leistung zu steigern, indem sie Kommunikation gezielt einsetzten.

Dewi erinnerte sich an ein inspirierendes Beispiel aus ihrer Weiterbildung: Ein Unternehmen hatte ein Peer-Coaching-Programm eingeführt, bei dem Mitarbeitende ihr Wissen untereinander teilten. Das Programm war ein großer Erfolg – und das nur, weil die interne Kommunikation strategisch darauf ausgerichtet wurde, diese Möglichkeit bekannt zu machen und zu fördern.

Praktische Handlungsempfehlungen für den Berufsalltag

Mein Ziel ist es, den Lesern konkrete Empfehlungen und Handlungsempfehlungen an die Hand zu geben, mit denen sie die Kommunikation in der Personalentwicklung in ihrem eigenen Unternehmen verbessern können. Ich werde aufzeigen, wie eine offene Feedbackkultur etabliert werden kann, wie

Informationsflüsse optimiert werden sollten und wie die Mitarbeitermotivation durch Kommunikation gesteigert werden kann.

Auch Dewi hatte gelernt, dass Veränderungen nicht über Nacht geschehen. Sie begann damit, regelmäßige Feedbackgespräche in ihrem Team einzuführen, und erkannte schnell, dass schon kleine Anpassungen einen großen Unterschied machen konnten. Transparenz, Wertschätzung und aktive Einbindung der Mitarbeitenden – diese Elemente wollte sie nun auch in größerem Maßstab in ihrer Organisation umsetzen.

Wie Sie die Erkenntnisse in der Praxis anwenden können

Ein zentrales Anliegen dieses Buches ist es, die Theorie in die Praxis umzusetzen. Ich möchte den Lesern praktische Werkzeuge und Techniken an die Hand geben, die sie in ihrem beruflichen Alltag direkt anwenden können. Die Umsetzbarkeit der Inhalte steht im Fokus, und ich werde konkrete Schritte zur Verbesserung der

Kommunikation in der Personalentwicklung aufzeigen.

Zusammenfassend zielt dieses Buch darauf ab, die Leser für die Bedeutung der Kommunikation in der Personalentwicklung zu sensibilisieren, Best Practices zu präsentieren, Empfehlungen und Handlungsempfehlungen zu liefern, wissenschaftliche Erkenntnisse zu vermitteln und praktische Anwendbarkeit zu gewährleisten. Ich hoffe, dass dieses Buch dazu beiträgt, die Kommunikation in der Personalentwicklung auf ein neues Level zu heben und somit die Leistungsfähigkeit von Mitarbeitern und Organisationen zu steigern.

Dewi wusste, dass theoretische Konzepte allein nicht ausreichen würden. Deshalb begann sie, praxisnahe Workshops für Führungskräfte zu organisieren, in denen sie gemeinsam Strategien für eine bessere Mitarbeiterkommunikation entwickelten. Durch diese Maßnahmen wurde deutlich: Kommunikation war kein Selbstläufer – sie musste bewusst gestaltet und aktiv gefördert werden.

Kommunikationsmodelle:

Verstehen,

was wirklich gesagt wird

Die Vielfalt der Kommunikationsmodelle: Ein Überblick

Dewi hatte in ihrer Karriere bereits viele Situationen erlebt, in denen Missverständnisse zu unnötigen Problemen führten. Besonders eindrücklich erinnerte sie sich an eine Schulung, in der ein Kollege völlig frustriert war, weil er die Anweisungen seines Vorgesetzten anders verstanden hatte als beabsichtigt. Diese Erfahrung machte ihr bewusst, dass Kommunikation weit mehr ist als nur das gesprochene Wort – sie ist ein komplexes Zusammenspiel aus Sender, Empfänger, Botschaften und deren Interpretation.

In diesem Kapitel werfen wir einen genaueren Blick auf die Grundlagen der Kommunikation. Sie bildet das Fundament jeder zwischenmenschlichen Interaktion, sei es im privaten oder beruflichen Umfeld. Besonders in der Personalentwicklung spielt sie eine zentrale Rolle, da sie den Austausch von Wissen, Erwartungen und Feedback ermöglicht. Doch wie genau funktioniert Kommunikation eigentlich? Welche Mechanismen beeinflussen sie, und warum kommt es so häufig zu Missverständnissen?

Um diese Fragen zu beantworten, wurden im Laufe der Zeit verschiedene Kommunikationsmodelle entwickelt. Sie helfen dabei zu verstehen, wie Informationen übermittelt werden und welche Faktoren eine Rolle spielen. Die Modelle verdeutlichen, dass Kommunikation weit über den bloßen Austausch von Worten hinausgeht.

Einige der wichtigsten Modelle sind:

Das lineare Kommunikationsmodell
Beschreibt Kommunikation als einen einfachen Übertragungsprozess: Ein Sender sendet eine Nachricht an einen Empfänger, ohne dass eine direkte Rückmeldung erfolgt.

Das Zweiweg-Kommunikationsmodell
Erweitert das lineare Modell, indem es Kommunikation als wechselseitigen Prozess betrachtet. Hier wird Feedback einbezogen, sodass Sender und Empfänger aktiv interagieren.

Das Interaktionsmodell
Zeigt, dass Kommunikation immer in einem bestimmten Kontext stattfindet und durch Störfaktoren beeinflusst werden kann. Es verdeutlicht, dass Missverständnisse oft nicht durch die Botschaft selbst, sondern durch äußere Einflüsse entstehen.

Das Transaktionsmodell
Betrachtet Kommunikation als dynamischen Prozess, in dem Sender und Empfänger permanent ihre Rollen wechseln und gleichzeitig agieren.

Das Schichtenmodell
Gliedert Kommunikation in verschiedene Ebenen, von der persönlichen Interaktion bis hin zur massenmedialen Kommunikation.

Das konstruktivistische
Kommunikationsmodell
Betont, dass Kommunikation subjektiv ist: Die Bedeutung einer Botschaft entsteht nicht durch den Sender, sondern durch die Interpretation des Empfängers.

Das Kommunikationsmodell nach
Shannon und Weaver

Konzentriert sich auf die technische Übertragung von Informationen und mögliche Störungen innerhalb des Kommunikationsprozesses.

Dewi fand es äußerst spannend, sich mit diesen Modellen auseinanderzusetzen. Jedes bot eine neue Perspektive darauf, wie Kommunikation funktioniert – und warum sie manchmal scheitert. Sie erkannte, dass kein einzelnes Modell die gesamte Komplexität menschlicher Interaktion erfassen konnte. Dennoch lieferten sie wertvolle Ansätze, um Missverständnisse zu vermeiden und die Kommunikation im Unternehmen zu verbessern.

In den folgenden Kapiteln werden wir diese Modelle weiter vertiefen und ihren praktischen Nutzen für die Personalentwicklung untersuchen. Denn nur wer die Grundlagen der Kommunikation wirklich versteht, kann sie gezielt nutzen, um Mitarbeitende erfolgreich zu fördern und ihre Entwicklung bestmöglich zu unterstützen.

Das Lineare Kommunikationsmodell: Einfache Übertragung oder Einbahnstraße?

Nach den ersten Gesprächen mit ihrem Mentor beginnt Dewi zu verstehen, dass Kommunikation nicht immer so einfach ist, wie sie auf den ersten Blick erscheint. Ihr Mentor schlägt vor, dass sie mit dem grundlegendsten aller Kommunikationsmodelle beginnt: dem linearen Kommunikationsmodell.

„Stell dir vor, du schreibst eine E-Mail an einen neuen Kollegen, um ihn im Unternehmen willkommen zu heißen", sagt er. „Du sendest die Nachricht, aber du weißt nicht genau, wie sie ankommt oder ob sie die gewünschte Wirkung erzielt. Genau das beschreibt das lineare Modell."

Im Zentrum des linearen Kommunikationsmodells steht der Sender, eine Person oder eine Entität, die eine Nachricht überträgt. Die Nachricht selbst kann in vielfältigen Formen auftreten – sie kann gesprochenes oder geschriebenes Wort,

44

Bilder, Gesten oder andere Symbole umfassen. Der Sender entscheidet, welche Botschaft er übermitteln möchte, und wählt die entsprechenden Mittel zur Übertragung aus. Nachdem der Sender seine Nachricht ausgewählt hat, wird sie über einen Kommunikationskanal übertragen. Der Kanal kann physisch sein, wie beispielsweise Schallwellen bei einer verbalen Kommunikation, oder virtuell, wie bei der Versendung einer E-Mail. Auf der Empfängerseite wartet die Person, die die Nachricht empfangen soll. Der Empfänger hat die Aufgabe, die empfangene Nachricht zu dekodieren und zu interpretieren.

Während Anna über dieses Modell nachdenkt, wird ihr schnell klar, dass es zwar eine hilfreiche Grundlage bietet, aber auch einige entscheidende Einschränkungen hat. „Es ist ja schön und gut, wenn ich eine Nachricht sende", überlegt sie, „aber was ist, wenn der Empfänger sie missversteht oder gar nicht darauf reagiert?"

Genau das ist die Schwäche des linearen Kommunikationsmodells: Es berücksichtigt keine Rückmeldungen oder den Kontext der Kommunikation. Es impliziert, dass der Sender seine

Nachricht überträgt und der Empfänger sie passiv empfängt, ohne die Möglichkeit zur Rückmeldung. In der Realität ist Kommunikation jedoch ein wechselseitiger Prozess, bei dem Sender und Empfänger ständig aufeinander reagieren.

Ein weiteres Problem, das Dewi erkennt, ist, dass das Modell keine Rücksicht auf äußere Einflüsse nimmt. „Was ist mit Hintergrundgeräuschen, technischen Störungen oder der Stimmung des Empfängers? All das könnte doch beeinflussen, wie meine Nachricht ankommt."

Ihr Mentor nickt zustimmend. „Genau deshalb sind andere, komplexere Modelle nötig, um die Realität besser abzubilden. Das lineare Modell ist ein guter Einstieg, aber Kommunikation ist vielschichtiger als eine bloße Einbahnstraße."

Mit diesem neuen Wissen fühlt sich Dewi bereit, tiefer in die Welt der Kommunikationsmodelle einzutauchen. Sie erkennt, dass effektive Kommunikation nicht nur eine Frage des Sendens ist – sondern auch des Verstehens und Reagierens.

Das Zweiweg-Kommunikations-
modell: Dialog statt Monolog

Dewi, unsere engagierte Personalentwicklerin, erkannte schnell, dass das lineare Kommunikationsmodell zwar eine nützliche Grundlage bot, aber nicht ausreichte, um die Dynamik zwischenmenschlicher Interaktionen in der Personalentwicklung abzubilden. Als sie sich intensiver mit dem Thema beschäftigte, stieß sie auf das Zweiweg-Kommunikationsmodell – eine Weiterentwicklung, die einen entscheidenden Unterschied machte.

Dewi hatte oft erlebt, wie wichtig es war, dass Kommunikation nicht nur in eine Richtung ging. In einem ihrer Meetings mit neuen Mitarbeitern bemerkte sie, dass einige Fragen offenblieben, weil der Austausch nicht aktiv genug war. Hier kam das Zweiweg-Kommunikationsmodell ins Spiel: Es betonte, dass Kommunikation keine Einbahnstraße ist, sondern ein interaktiver Prozess, in dem Sender und Empfänger gleichermaßen aktiv sind.

Im Gegensatz zum linearen Modell berücksichtigt das Zweiweg-Kommunikationsmodell die Bedeutung von Rückmeldungen. Dewi stellte fest, dass die Möglichkeit für Mitarbeiter, auf Anweisungen oder Informationen zu reagieren, zu einer besseren Verständigung führte. In Feedbackgesprächen mit ihrem Team erkannte sie, wie wertvoll es war, wenn sich Mitarbeitende aktiv an den Gesprächen beteiligten, anstatt nur passiv Informationen aufzunehmen. Dies förderte nicht nur das Verständnis, sondern auch die Motivation.

Ein weiterer zentraler Aspekt, den Dewi bei der Anwendung dieses Modells entdeckte, war der Kontext der Kommunikation. In interkulturellen Teams beispielsweise stellte sie fest, dass kulturelle Unterschiede die Interpretation von Nachrichten beeinflussen konnten. Durch das bewusste Einbeziehen des Kontextes gelang es ihr, Missverständnisse zu minimieren und eine inklusivere Arbeitsumgebung zu schaffen.

Besonders im Bereich der Personalentwicklung erwies sich das Zweiweg-Kommunikationsmodell als unverzichtbar. In Trainings und

Workshops achtete Dewi darauf, dass sie nicht nur Wissen vermittelte, sondern auch aktiv Rückmeldungen einholte. Sie stellte gezielte Fragen, um sicherzustellen, dass die Teilnehmer das Gesagte verstanden hatten, und ermutigte sie, ihre eigenen Erfahrungen einzubringen.

Das Zweiweg-Kommunikationsmodell half Dewi, ihre Arbeit in der Personalentwicklung effektiver zu gestalten. Durch aktives Zuhören, gezieltes Feedback und den Einbezug des Kontexts konnte sie nicht nur die Kommunikation verbessern, sondern auch die Zufriedenheit und das Engagement der Mitarbeitenden steigern. Sie erkannte, dass dieses Modell ein Schlüssel war, um nachhaltige Entwicklungen zu fördern und eine Kultur des offenen Dialogs zu etablieren.

Das Interaktionsmodell – Kontext und Rückkopplung

Lisa saß in einem Meeting mit dem Team aus der IT-Abteilung, als es zu einer typischen Kommunikationshürde kam. Der Leiter des Teams,

Herr Meier, erklärte eine neue Softwarelösung, während die HR-Kolleg:innen aufmerksam zuhörten. Doch als er fertig war, herrschte Stille. Schließlich fragte eine Kollegin zögernd: „Und was bedeutet das jetzt konkret für uns?"

Dewi bemerkte, dass das Problem nicht an mangelndem Interesse lag, sondern an der Art der Kommunikation. Die IT-Abteilung nutzte Fachbegriffe, die für die anderen nicht selbstverständlich waren, während die HR-Mitarbeitenden ihre Fragen anders formulierten, als es die IT-Experten gewohnt waren. Ein klassisches Beispiel für eine Situation, in der das Interaktionsmodell der Kommunikation helfen konnte.

Das Interaktionsmodell betrachtet Kommunikation nicht als Einbahnstraße, sondern als wechselseitigen Prozess. Sender und Empfänger tauschen nicht nur Informationen aus, sondern beeinflussen sich gegenseitig. Der Kontext, in dem die Kommunikation stattfindet, spielt eine entscheidende Rolle.

Dewi dachte an das Meeting zurück: Die IT-Abteilung war es gewohnt, mit technischen

Fachkräften zu sprechen, während das HR-Team eher an praxisnahe Erklärungen gewöhnt war. Hier prallten unterschiedliche Kommunikationsstile aufeinander – und genau das führte zu Unsicherheiten.

Ein weiterer zentraler Aspekt des Interaktionsmodells ist das sogenannte „Rauschen". Darunter versteht man alle Faktoren, die den klaren Informationsfluss stören können. Während Rauschen in einem Telefonat etwa eine schlechte Verbindung sein kann, sind es in Meetings oft Ablenkungen, Missverständnisse oder unklare Formulierungen.

Dewi erinnerte sich an eine E-Mail, die sie vor einigen Wochen erhalten hatte. Ihr Vorgesetzter hatte kurz und knapp geschrieben: „Wir müssen über die Weiterbildungsstrategie sprechen. Morgen 10 Uhr." Dewi hatte sich Sorgen gemacht: War das ein kritisches Gespräch? War ihre Strategie nicht gut genug? Erst im Meeting stellte sich heraus, dass es um eine einfache Abstimmung ging. Der Kontext der Nachricht hatte Raum für Interpretationen gelassen, wodurch Unsicherheit entstanden war – ein klassisches Beispiel für „kommunikatives Rauschen".

Dewi wusste: Kommunikation kann nur dann wirklich funktionieren, wenn Sender und Empfänger aktiv aufeinander eingehen. In ihrem Meeting mit der IT-Abteilung griff sie ein:

„Ich habe das Gefühl, dass wir gerade ein wenig aneinander vorbeireden. Vielleicht hilft es, wenn wir die wichtigsten Punkte nochmal in Alltagssprache zusammenfassen?"

Ihr Vorschlag wurde gut aufgenommen. Die IT-Kollegen formulierten ihre Aussagen verständlicher, während das HR-Team aktiv nachhakte. Innerhalb weniger Minuten war das Gespräch viel produktiver.

Dieses Erlebnis bestätigte für Dewi eine zentrale Erkenntnis: *Gute Kommunikation braucht Feedback. Nur wenn Rückfragen gestellt und Missverständnisse offen angesprochen werden, kann ein echter Austausch entstehen.*

Das Transaktionsmodell – Kommunikation als dynamischer Austausch

Dewi beobachtete während eines Meetings eine interessante Dynamik: Während ihr Kollege Markus eine Idee vorstellte, nickten einige Teammitglieder zustimmend, während andere skeptisch die Stirn runzelten. Noch bevor Markus seine Ausführungen beendet hatte, meldete sich eine Kollegin zu Wort und ergänzte seinen Vorschlag. Es wurde deutlich, dass Kommunikation nicht linear verläuft – sie geschieht simultan, mit ständiger Wechselwirkung zwischen den Beteiligten.

Dieses Erlebnis erinnerte Dewi an das Transaktionsmodell der Kommunikation. Im Gegensatz zu früheren Modellen, die Kommunikation als abwechselnden Austausch betrachten, geht das Transaktionsmodell davon aus, dass Sender und Empfänger gleichzeitig agieren. Kommunikation ist also kein einfacher Wechsel von Botschaften, sondern ein gleichzeitiger Prozess, bei dem alle Beteiligten aktiv Signale senden und empfangen – sei es verbal oder nonverbal.

Dewi dachte an eine Diskussion mit ihrem Vorgesetzten Herr Schneider zurück. Während er sprach, zeigte sie durch Mimik und Gestik, dass sie aufmerksam zuhörte. Er wiederum passte seinen Tonfall und seine Wortwahl an ihre Reaktionen an. Ohne dass sie es aussprach, beeinflusste Dewi mit ihrer Körpersprache die Art und Weise, wie Herr Schneider seine Botschaft formulierte. Dies verdeutlichte ihr, dass Kommunikation ein permanenter, dynamischer Prozess ist – genau das, was das Transaktionsmodell beschreibt.

Ein weiteres zentrales Element dieses Modells ist, dass alle Beteiligten permanent in einer wechselseitigen Interaktion stehen. Selbst Schweigen kann eine Reaktion sein. Dewi erinnerte sich an ein Feedbackgespräch mit einer Mitarbeiterin, die zunächst nichts sagte, aber durch ihre Mimik deutlich machte, dass sie mit einer Entscheidung unzufrieden war. Dies beeinflusste Dewi in ihrer Wortwahl, sodass sie ihre Argumentation anpasste, um Missverständnisse zu vermeiden.

Das Transaktionsmodell half Dewi zu verstehen, dass Kommunikation nie eindimensional verläuft. Jede Äußerung, jede Bewegung, selbst das kleinste Kopfnicken oder Zögern beeinflusst den gesamten Austausch. Diese Erkenntnis war für ihre Arbeit in der Personalentwicklung von großer Bedeutung: Wenn Kommunikation als ständiger, simultaner Prozess betrachtet wird, können Missverständnisse schneller erkannt und eine bessere Zusammenarbeit gefördert werden.

Dewi machte sich eine Notiz: *Wie können wir in unserem Unternehmen Kommunikationsprozesse bewusster gestalten, um Missverständnisse zu minimieren? Wie können Führungskräfte lernen, sowohl gesprochene als auch nonverbale Signale gezielt einzusetzen?*

Das Schichtenmodell –
Ebenen der Kommunikation

Dewi hatte mittlerweile viele verschiedene Kommunikationsmodelle kennengelernt, doch das Schichtenmodell faszinierte sie besonders. In einem ihrer Workshops zur Personalentwicklung stand sie vor einer Gruppe von Führungskräften und stellte eine Frage: „Wie unterscheidet sich die Kommunikation mit einem Kollegen von der mit einem Vorgesetzten oder mit einem Kunden?" Ein reger Austausch begann, und Dewi nutzte die Gelegenheit, um das Schichtenmodell einzuführen.

Das Schichtenmodell zeigt, dass Kommunikation nicht auf einer einzigen Ebene stattfindet, sondern aus mehreren Schichten besteht, die unterschiedliche Kontexte und Dynamiken umfassen. Diese Ebenen reichen von der persönlichen über die zwischenmenschliche Kommunikation bis hin zur Massenkommunikation in der Öffentlichkeit. Jede dieser Schichten erfordert eigene Kommunikationsfertigkeiten und -techniken.

Dewi erklärte, dass unterschiedliche Kommunikationskontexte spezifische Anforderungen an den Kommunikationsstil stellen. Die Art und Weise, wie man mit Freunden spricht, unterscheidet sich grundlegend von der Kommunikation mit Vorgesetzten oder Kunden. Während in informellen Gesprächen Humor und persönliche Erzählungen eine größere Rolle spielen, wird in geschäftlichen Kontexten oft eine sachlichere, zielgerichtete Kommunikation bevorzugt.

Ein wichtiger Aspekt des Schichtenmodells ist die Notwendigkeit der Anpassung und Flexibilität. Dewi erinnerte sich an eine Situation in ihrem eigenen Unternehmen, in der ein talentierter Mitarbeiter Schwierigkeiten hatte, sich in Meetings mit der Geschäftsführung durchzusetzen. Seine lockere, umgangssprachliche Art wurde dort als unangemessen empfunden, obwohl sie im Team gut ankam. Durch gezielte Schulungen zur Kommunikationsanpassung konnte er lernen, seine Ausdrucksweise der jeweiligen Situation anzupassen, was ihm schließlich half, seine Ideen überzeugender zu präsentieren.

Das Modell zeigt auch, wie Menschen in verschiedenen Kontexten unterschiedliche Rollen einnehmen. Dewi ließ ihre Teilnehmer eine Übung machen: Sie sollten dieselbe Information einmal in einem persönlichen Gespräch mit einem Kollegen, einmal in einer formellen E-Mail an die Geschäftsleitung und einmal als öffentliche Präsentation formulieren. Die Ergebnisse waren aufschlussreich und verdeutlichten, wie sich Sprache, Tonfall und Struktur je nach Kommunikationsschicht verändern mussten.

Das Schichtenmodell wird in vielen Bereichen angewandt, darunter interkulturelle Kommunikation, Public Relations, Marketing und Unternehmenskommunikation. Es hilft dabei, die Vielfalt und Vielschichtigkeit der zwischenmenschlichen Interaktion zu erfassen. Dewi betonte, dass ein tiefes Verständnis dieser verschiedenen Ebenen dazu beiträgt, Kommunikationsstrategien gezielt zu verbessern und erfolgreicher mit unterschiedlichen Zielgruppen zu interagieren.

Zum Abschluss des Workshops fasste Dewi zusammen: *„Kommunikation ist wie ein Chamäleon –*

sie muss sich der Umgebung anpassen. Wer lernt, sich flexibel auf verschiedene Schichten einzulassen, wird in jeder Situation effektiver kommunizieren können."

Das konstruktivistische Kommunikationsmodell – Warum jeder etwas anderes versteht

Das konstruktivistische Kommunikationsmodell betont, dass Kommunikation nicht nur die Übertragung von Informationen ist, sondern vielmehr die aktive Konstruktion von Bedeutung durch die Beteiligten. In diesem Kapitel werden wir untersuchen, wie dieses Modell die subjektive Natur der Kommunikation verdeutlicht.

Dewi sitzt mit ihrer Freundin Emma in einem Café. Emma erzählt von einem Gespräch mit ihrem Chef, bei dem sie das Gefühl hatte, kritisiert zu werden. Dewi fragt nach: „Was hat er denn genau gesagt?" Emma zitiert die Worte ihres Chefs, doch Dewi bemerkt, dass Emmas Interpretation stark von ihren eigenen Gefühlen und

Erfahrungen geprägt ist. Dieselben Worte könnten in einem anderen Kontext oder für eine andere Person eine ganz andere Bedeutung haben.

Genau hier setzt das konstruktivistische Kommunikationsmodell an: Es geht davon aus, dass die Bedeutung einer Nachricht nicht objektiv festgelegt ist, sondern erst durch die Interpretation des Empfängers entsteht. Die Realität ist nicht einfach gegeben, sondern wird von jedem Menschen individuell konstruiert – basierend auf Erfahrungen, Wissen und persönlichen Überzeugungen.

Im Gegensatz zu Modellen, die Kommunikation als reinen Informationsaustausch sehen, stellt das konstruktivistische Modell heraus, dass jeder Mensch die Welt anders wahrnimmt. Diese subjektive Interpretation kann zu Missverständnissen führen, aber auch zu einem tieferen gegenseitigen Verständnis beitragen.

Dewi erkennt, dass Emma durch ihre bisherigen Erfahrungen mit ihrem Chef die Worte möglicherweise negativer deutet, als sie gemeint waren. „Vielleicht wollte er dich gar nicht kritisieren,

sondern dir nur einen Rat geben", schlägt Dewi
vor. Emma überlegt – und beginnt, das Gespräch aus einer anderen Perspektive zu betrachten.

Dieses Modell spielt eine wichtige Rolle in der
Medienanalyse, der interkulturellen Kommunikation und in den Sozialwissenschaften. Es hilft
zu verstehen, wie Menschen durch Sprache, Medien und soziale Interaktion ihre Realität formen.

Das konstruktivistische Kommunikationsmodell lehrt uns, dass es keine objektive, univer-
selle Wahrheit gibt, sondern viele individuelle
Perspektiven. Indem wir das erkennen, können
wir Missverständnisse reduzieren, empathischer kommunizieren und die Vielfalt der
menschlichen Wahrnehmungen besser wert-
schätzen.

Shannon und Weaver: Die technische Seite der Kommunikation und mögliche Störungen

Das Kommunikationsmodell nach Shannon und Weaver, entwickelt von Claude Shannon und Warren Weaver, betrachtet Kommunikation als einen technischen Prozess der Informationsübertragung. Es wurde ursprünglich entwickelt, um die Übermittlung von Nachrichten in der Telekommunikation effizienter zu gestalten, doch seine Prinzipien finden auch in anderen Kommunikationsbereichen Anwendung.

Dewi stößt auf dieses Modell, als sie sich mit den Grundlagen der technischen Kommunikation beschäftigt. Während ihres Studiums analysiert sie ein Beispiel aus ihrem Alltag: das Versenden einer Sprachnachricht über eine Messenger-App. Sie erkennt, dass dieser Prozess genau den Prinzipien des Shannon-Weaver-Modells folgt.

Im Zentrum dieses Modells stehen drei Hauptkomponenten: der Sender, die Nachricht und der Empfänger. Dewi ist in diesem Fall der Sender, da sie eine Sprachnachricht aufnimmt. Diese Nachricht wird in ein digitales Signal umgewandelt und über einen Kommunikationskanal, das Internet, übertragen. Ihr Freund Paul ist der Empfänger, der die Nachricht schließlich auf seinem Smartphone abhört und interpretiert.

Ein zentrales Element dieses Modells ist der Kommunikationskanal. Dewi versteht, dass der Kanal durch verschiedene Faktoren beeinflusst werden kann, wie zum Beispiel eine schlechte Internetverbindung, die zu Verzögerungen oder Qualitätsverlusten führt. Dieses Störungsrisiko wird im Modell als „Rauschen" bezeichnet. In ihrem Beispiel könnte Rauschen in Form von Hintergrundgeräuschen während der Aufnahme oder einer schlechten Tonqualität bei der Wiedergabe auftreten. Shannon und Weaver entwickelten dieses Modell, um solche Störungen zu analysieren und Möglichkeiten zu finden, sie zu minimieren.

Ein weiteres Konzept, das Dewi interessant findet, ist die Entropie – ein Maß für Unsicherheit oder Unvorhersehbarkeit in der Nachricht. Wenn sie undeutlich spricht oder ein Wort verschluckt, steigt die Entropie, da die Wahrscheinlichkeit für Missverständnisse größer wird. Technische Systeme, wie die automatische Spracherkennung oder Fehlerkorrekturmechanismen, helfen dabei, diese Unsicherheiten zu verringern.

Dewi erkennt schnell die Stärken dieses Modells, insbesondere in technischen Bereichen wie Telekommunikation und Informatik. Es bietet eine klare Struktur zur Analyse von Nachrichtenübertragung und hilft bei der Optimierung von Kommunikationssystemen. Allerdings fällt ihr auch auf, dass dieses Modell die soziale und psychologische Dimension der Kommunikation weitgehend außer Acht lässt. Während es erklärt, wie Nachrichten technisch übermittelt werden, bleibt offen, wie der Empfänger die Nachricht interpretiert oder welchen Einfluss Emotionen und kulturelle Hintergründe auf das Verständnis haben.

Durch ihre Auseinandersetzung mit dem Kommunikationsmodell nach Shannon und Weaver gewinnt Dewi wertvolle Erkenntnisse darüber, wie technische Kommunikationssysteme funktionieren. Gleichzeitig wird ihr bewusst, dass menschliche Kommunikation weit über reine Signalübertragung hinausgeht.

Mehr als Worte: Verbale und nonverbale Kommunikation

Nachdem Dewi sich intensiv mit den verschiedenen Kommunikationsmodellen auseinandergesetzt hat, erkennt sie, dass die Art und Weise, wie Menschen miteinander kommunizieren, nicht nur von theoretischen Modellen abhängt. Vielmehr spielen auch die konkreten Ausdrucksformen eine entscheidende Rolle. Sie beschließt, sich nun genauer mit den beiden Grundformen der Kommunikation zu beschäftigen: der verbalen und der nonverbalen Kommunikation.

Verbal kommunizieren: Klarheit und Ausdruck gezielt nutzen

Die verbale Kommunikation umfasst alles, was durch Sprache vermittelt wird – sei es gesprochen oder geschrieben. Dewi überlegt, wie wichtig Worte in ihrer täglichen Arbeit sind. Als Teamleiterin muss sie klare Anweisungen geben, ihre Mitarbeiter motivieren und Konflikte diplomatisch lösen. Dabei wird ihr bewusst, dass es nicht nur darauf ankommt, *was* sie sagt, sondern auch darauf, *wie* sie es sagt.

Ein Beispiel dafür erlebt Dewi in einem ihrer Meetings. Während sie eine neue Strategie vorstellt, bemerkt sie, dass einige Kollegen verwirrt wirken. Erst durch gezieltes Nachfragen stellt sie fest, dass einige Begriffe unterschiedlich interpretiert worden sind. Hier wird ihr die Bedeutung von präziser und eindeutiger Sprache bewusst. Sie lernt, dass aktives Zuhören und das Nachfragen nach Verständnis essenziell sind, um Missverständnisse zu vermeiden.

Ein weiteres Element der verbalen Kommunikation ist der Tonfall. Dewi erinnert sich an eine Situation, in der ein Kunde am Telefon unzufrieden war. Durch eine ruhige, verständnisvolle Stimme und gezielte Nachfragen konnte sie die Situation entschärfen. Sie erkennt: Nicht nur die Worte, sondern auch die Art des Sprechens beeinflussen die Kommunikation maßgeblich.

Die verbale Kommunikation ist eine der grundlegendsten Formen der Verständigung. Sie ermöglicht es uns, Gedanken, Informationen und Emotionen präzise auszudrücken. Dabei spielen verschiedene Elemente eine entscheidende Rolle:

Wörter

Die Wahl der richtigen Worte ist essenziell, um eine Botschaft klar und verständlich zu vermitteln. Sie bilden das Fundament jeder sprachlichen Kommunikation und tragen maßgeblich zur Verständlichkeit einer Nachricht bei.

Grammatik

Die Regeln der Grammatik und Syntax sorgen dafür, dass unsere Aussagen strukturiert und logisch aufgebaut sind. Eine fehlerhafte Grammatik kann Missverständnisse verursachen, während eine korrekte Anwendung dazu beiträgt, die Botschaft klar zu übermitteln.

Tonfall

Wie etwas gesagt wird, ist oft genauso wichtig wie das, was gesagt wird. Der Tonfall kann Emotionen, Stimmungen und Absichten transportieren, wodurch ein und dieselbe Aussage freundlich, ernst, ironisch oder sogar bedrohlich wirken kann.

Stimme

Neben den Worten selbst spielt auch die Stimme eine große Rolle. Faktoren wie Klangqualität, Lautstärke und Sprechtempo beeinflussen, wie eine Nachricht aufgenommen wird. Eine ruhige, klare Stimme vermittelt Sicherheit, während eine zögerliche oder leise Stimme Unsicherheit ausdrücken kann.

Sprachregister

Abhängig vom Kontext passen wir unsere Sprache an. Die Wortwahl und der Sprachstil unterscheiden sich je nachdem, ob wir mit Freunden, Kollegen, Vorgesetzten oder Fremden sprechen. Diese Anpassung hilft dabei, die gewünschte Wirkung zu erzielen und Missverständnisse zu vermeiden.

Verbale Kommunikation ist eng mit nonverbaler Kommunikation verbunden. Gestik, Mimik, Körperhaltung und Augenkontakt sind Beispiele für nonverbale Signale, die unsere verbalen Botschaften unterstützen oder modifizieren können. Die Kombination von verbalen und nonverbalen Elementen ermöglicht eine nuancierte und reichhaltige Kommunikation.

Trotz ihrer Bedeutung für den zwischenmenschlichen Austausch kann verbale Kommunikation anfällig für Missverständnisse und Störungen sein. Diese können auf unklarer Ausdrucksweise, unterschiedlichen Interpretationen von Worten oder kulturellen Unterschieden in der Bedeutung von Begriffen beruhen. Effektive Kommunikation erfordert daher nicht nur die richtigen Worte, sondern auch eine aufmerksame und einfühlsame Interpretation. Da sie ein wesentlicher Bestandteil unseres sozialen Lebens ist und uns ermöglicht, unsere Gedanken, Emotionen und Ideen auszudrücken, Informationen zu teilen und Beziehungen zu gestalten, ist es wichtig zu erkennen, dass die Wahl der Worte, die Grammatik, der Tonfall und das Sprachregister einen erheblichen Einfluss auf die Art und Weise haben, wie unsere Nachrichten wahrgenommen werden. Die Kombination von verbaler und nonverbaler Kommunikation ermöglicht es uns, unsere Botschaften präziser und wirkungsvoller zu vermitteln.

Nonverbale Signale richtig deuten und gezielt einsetzen

Mimik, Gestik, Körperhaltung und Blickkontakt können oft mehr sagen als Worte. Dewi merkt das besonders in einem Gespräch mit einem neuen Kollegen. Obwohl er sagt, dass er sich in seinem neuen Team wohlfühlt, wirken seine verschränkten Arme und sein gesenkter Blick unsicher. Hier erkennt Dewi, dass es wichtig ist, auch auf nonverbale Signale zu achten.

Ein weiteres Beispiel erlebt sie in einem Konfliktgespräch zwischen zwei Teammitgliedern. Einer der Beteiligten vermeidet konsequent den Blickkontakt und dreht seinen Körper leicht ab – ein klares Zeichen von Unwohlsein und innerem Rückzug. Dewi achtet darauf, ihre eigene Körpersprache bewusst einzusetzen, indem sie eine offene Haltung einnimmt und durch Nicken signalisiert, dass sie aufmerksam zuhört.

Auch die Proxemik, also der Einsatz von Nähe und Distanz, ist ein entscheidender Faktor. Dewi stellt fest, dass manche Kollegen es schätzen, wenn sie sich ihnen im Gespräch leicht zuwendet, während andere eher Distanz bevorzugen. Besonders im internationalen Kontext lernt sie, dass die Interpretation nonverbaler Signale kulturell unterschiedlich sein kann.

Gestik

Gestik, also die Verwendung von Händen und Körpersprache, spielt eine entscheidende Rolle in der zwischenmenschlichen Kommunikation. Sie ergänzt und verstärkt das Gesagte, drückt Emotionen aus, betont Botschaften, verdeutlicht Konzepte und dient als nonverbales Signal. Gesten können kulturell vielfältig sein und tragen dazu bei, Informationen verständlicher zu machen. Sie sind ein Schlüssel zur Reduzierung von Missverständnissen und zur Steigerung der Überzeugungskraft und des Ausdrucksvermögens. In Konfliktsituationen können Gesten zur Entspannung beitragen und den Weg zur Lösung von Problemen ebnen.

Mimik

Mimik, also die Ausdrücke des Gesichts, beeinflusst die zwischenmenschliche Kommunikation, indem sie Emotionen, Absichten und Reaktionen sichtbar macht. Sie unterstützt und verstärkt verbale Kommunikation, hilft bei der Interpretation von Gefühlen und Gedanken und spielt eine wichtige Rolle in der kulturellen Interaktion. Die Mimik dient der Verständlichkeit, fördert Empathie und Vertrauen und hat großen Einfluss auf die zwischenmenschliche Dynamik und die Interpretation von Botschaften. Mimik ist ein Schlüssel zur Reduzierung von Missverständnissen und zur Stärkung der Kommunikation.

Körperhaltung

Die Körperhaltung in der Kommunikation offenbart Emotionen, Einstellungen und Interessen. Sie beeinflusst die Wahrnehmung einer Person und kann Vertrauen, Offenheit oder Aggressivität signalisieren. Die bewusste Kontrolle der eigenen Körperhaltung ist entscheidend, um eine effektive Kommunikation zu unterstützen und positiv wahrgenommen zu werden.

Blickkontakt

Blickkontakt ist ein leistungsstarkes Werkzeug in der zwischenmenschlichen Kommunikation. Er zeigt, dass wir unserem Gesprächspartner Aufmerksamkeit schenken, Interesse an dem haben, was sie oder er sagt, und Respekt für ihre oder seine Anwesenheit ausdrücken. Ein angemessener Blickkontakt kann das Vertrauen zwischen Menschen stärken und Empathie fördern.

Allerdings ist es wichtig, den richtigen Grad an Blickkontakt zu finden, da zu wenig Blickkontakt als Desinteresse oder Unsicherheit interpretiert werden kann. Andererseits kann zu intensiver Blickkontakt als aufdringlich oder unhöflich wahrgenommen werden. Es ist auch zu beachten, dass die Bedeutung und die Normen von Blickkontakt je nach Kultur und sozialer Situation variieren können. Daher ist es ratsam, auf kulturelle Unterschiede zu achten.

Die bewusste Kontrolle des Blickkontakts kann dazu beitragen, eine bessere Kommunikation und tiefere Beziehungen aufzubauen. Der Blickkontakt ist ein subtiler, aber entscheidender Aspekt der zwischenmenschlichen Interaktion, der dazu beiträgt, Botschaften klarer zu übermitteln und eine positive Kommunikationsdynamik zu fördern.

Proxemik

Proxemik ist ein Konzept, das sich mit der Bedeutung von räumlicher Distanz und Raum in sozialen Interaktionen und Kommunikationssituationen befasst. Dieses Konzept wurde erstmals vom Anthropologen Edward T. Hall entwickelt und hat seither in verschiedenen Disziplinen, darunter Kommunikationstheorie, Psychologie und Anthropologie, an Bedeutung gewonnen.

Proxemik betrachtet den Raum zwischen Menschen und wie dieser Raum dazu verwendet wird, soziale Beziehungen zu gestalten und Botschaften zu vermitteln. Ein zentraler Aspekt ist die Einteilung des räumlichen Raums in verschiedene Zonen, die unterschiedliche Bedeutungen und Funktionen haben. Diese Zonen sind in der Regel:

Intime_Zone

Dies ist der engste Raum um eine Person herum (in der Regel weniger als eine Armlänge), und er wird für sehr vertraute und persönliche Beziehungen verwendet, wie z.B. enge Freunde, Familie oder romantische Partner.

Persönliche_Zone

Dieser Bereich erstreckt sich über die Intimzone hinaus und reicht etwa bis zu einer Armlänge. In der persönlichen Zone werden Gespräche geführt und persönliche Interaktionen abgewickelt, z.B. bei Freunden, Kollegen oder Bekannten.

Soziale_Zone

Die soziale Zone erstreckt sich weiter als die persönliche Zone und umfasst in der Regel etwa zwei bis vier Meter. Sie wird für formellere soziale Interaktionen und Gespräche verwendet, wie sie in öffentlichen Versammlungen oder bei geschäftlichen Treffen vorkommen.

Öffentliche_Zone

Dies ist der am weitesten entfernte Raum und umfasst alles, was außerhalb der sozialen Zone liegt. In dieser Zone finden öffentliche oder formelle Anlässe statt, bei denen eine größere Distanz zwischen den Menschen besteht.

Die Art und Weise, wie Menschen den Raum in verschiedenen Kontexten nutzen und interpretieren, kann viel über ihre Beziehungsdynamiken, sozialen Normen und individuellen Präferenzen aussagen. Zum Beispiel kann das Betreten des persönlichen Raums einer Person ohne Zustimmung als unhöflich oder bedrohlich empfunden werden, während eine angemessene räumliche Distanz Respekt signalisieren kann.

Die Bedeutung von Proxemik ist in verschiedenen kulturellen Kontexten unterschiedlich. In einigen Kulturen ist enger Körperkontakt akzeptabler, während in anderen Ländern ein größeres Maß an persönlichem Raum bevorzugt wird. Daher ist es wichtig, kulturelle Unterschiede in der Proxemik zu berücksichtigen, um Missverständnisse und Konflikte zu vermeiden.

Nonverbale Kommunikation spielt eine wesentliche Rolle in zwischenmenschlichen

Beziehungen. Sie kann das Vertrauen stärken, Sympathie ausdrücken, Unbehagen signalisieren oder Konflikte abmildern. Oft sprechen unsere nonverbalen Signale lauter als unsere Worte und prägen die Qualität unserer Beziehungen. Die Bedeutung und Interpretation nonverbaler Signale können stark von kulturellen und situativen Faktoren abhängen. In verschiedenen Kulturen und in unterschiedlichen Kontexten können die gleichen Gesten oder die gleiche Mimik unterschiedliche Bedeutungen haben. Es ist wichtig, diese Vielfalt zu respektieren und zu berücksichtigen.

Obwohl nonverbale Kommunikation eine wertvolle Ergänzung zur verbalen Kommunikation sein kann, ist sie auch anfällig für Missverständnisse. Ein falsch interpretierter Gesichtsausdruck oder eine unangemessene Körperhaltung können zu Konflikten oder Verwirrung führen. Nonverbale Kommunikation ist ein reichhaltiges und vielschichtiges Element unserer sozialen Interaktion und ermöglicht es uns, uns selbst auszudrücken, unsere Emotionen zu teilen und Beziehungen zu gestalten. Obwohl sie oft subtil ist, spielt sie eine entscheidende Rolle in unserem täglichen Leben. Ein besseres Verständnis der nonverbalen Kommunikation kann dazu beitragen, Missverständnisse zu vermeiden, Beziehungen zu vertiefen und unsere soziale Intelligenz zu stärken.

Das Zusammenspiel von verbaler und nonverbaler Kommunikation

Dewi versteht, dass verbale und nonverbale Kommunikation stets gemeinsam wirken. Ein Widerspruch zwischen Gesagtem und Körpersprache kann schnell zu Unsicherheiten führen. Wenn jemand beispielsweise „Mir geht es gut" sagt, aber niedergeschlagen dreinschaut, wird die nonverbale Botschaft meist als die ehrlichere empfunden.

In einem Bewerbungsgespräch beobachtet Dewi einen Kandidaten, der selbstbewusst von seinen Qualifikationen spricht, dabei aber ständig an seiner Kleidung herumzupft und vermeidet, Augenkontakt zu halten. Hier wird ihr klar: *Authentische Kommunikation entsteht erst, wenn verbale und nonverbale Signale übereinstimmen.*

Durch ihre Beobachtungen und Erfahrungen gewinnt Dewi ein tiefes Verständnis für die Bedeutung von verbaler und nonverbaler Kommunikation. Sie erkennt, dass Worte allein nicht ausreichen – erst im Zusammenspiel mit Körpersprache, Stimme und Kontext entsteht eine wirkungsvolle und authentische Kommunikation.

Mit diesem Wissen geht sie bewusster in ihre nächsten Gespräche und achtet nicht nur auf das, *was* gesagt wird, sondern auch auf das *Wie*. Damit legt sie den Grundstein für eine noch effektivere und empathischere Kommunikation in ihrem Arbeitsalltag.

Interpersonale Kommunikation: Wie Beziehungen durch Sprache entstehen

Dewi hatte inzwischen erkannt, dass Kommunikation weit mehr ist als nur das gesprochene oder geschriebene Wort. Neben der verbalen und nonverbalen Kommunikation spielt die interpersonale Kommunikation eine Schlüsselrolle in unseren Beziehungen zu anderen Menschen. Sie bezieht sich auf den direkten Dialog und die Interaktion zwischen zwei oder mehr Personen, bei denen Informationen, Gedanken und Gefühle ausgetauscht werden.

Dann dachte Dewi an ihre Gespräche mit Freunden und Kollegen. Sie merkte, wie wichtig es ist, sich nicht nur auf die Worte, sondern auch auf den gesamten Kontext der Kommunikation zu konzentrieren. Die interpersonale Kommunikation ist ein Grundpfeiler unserer sozialen Existenz. Sie ermöglicht es, Bedürfnisse auszudrücken, Emotionen zu teilen, Konflikte zu lösen, Informationen zu übermitteln sowie Beziehungen aufzubauen und zu pflegen. All das war essenziell für den Alltag und den Umgang mit anderen Menschen.

Als Dewi mehr über die spezifischen Merkmale der interpersonalen Kommunikation erfahren wollte, stellte fest, dass sie durch mehrere zentrale Aspekte gekennzeichnet ist:

Dialog

Anders als bei der einseitigen Informationsübertragung in der Massenkommunikation ist interpersonale Kommunikation ein wechselseitiger Prozess. Sender und Empfänger interagieren aktiv miteinander, wodurch ein echter Austausch entsteht.

Kontextualisierung

Die Art und Weise, wie Menschen miteinander kommunizieren, hängt stark vom sozialen, kulturellen und situativen Kontext ab. Dewi bemerkte, dass sie mit ihren Freunden anders sprach als mit ihrem Vorgesetzten oder mit fremden Personen.

Wechselseitigkeit
Eine gelungene interpersonale Kommunikation setzt voraus, dass beide Seiten aktiv zuhören, aufeinander eingehen und ihre Perspektiven anpassen können.

Beziehungsorientiert
Kommunikation trägt dazu bei, Beziehungen zu gestalten und zu vertiefen. Sie kann Vertrauen stärken, Nähe schaffen und die Grundlage für langanhaltende Verbindungen bilden.

Doch Dewi wusste auch, dass interpersonale Kommunikation nicht immer einfach ist. Missverständnisse, Konflikte und Kommunikationsstörungen konnten Beziehungen belasten. Es war nicht immer leicht, sich klar auszudrücken oder richtig auf das Gegenüber einzugehen.

Trotz der großen Bedeutung ist die interpersonale Kommunikation anfällig für Herausforderungen. Missverständnisse, Konflikte, Kommunikationsstörungen und unzureichende Kommunikation können auftreten und die Beziehungen belasten. Die Fähigkeit zur effektiven Kommunikation erfordert Übung und bewusste

Anstrengung. Es gibt eine Vielzahl von Kommunikationstechniken, die hier nützlich sind. Dazu gehören aktives Zuhören, Empathie, das Teilen von Gedanken und Gefühlen, gewaltfreie Kommunikation und die Fähigkeit, Konflikte konstruktiv zu lösen.

Dewi nahm sich vor, diese Aspekte in ihren Alltag zu integrieren. Sie war überzeugt, dass eine bewusste und effektive Kommunikation nicht nur ihre Beziehungen verbessern, sondern auch Missverständnisse reduzieren und ihr persönliches Wachstum fördern konnte.

Kommunikation in der Personalentwicklung: Praxisnahe Anwendung

Die Rolle der Kommunikation im HR-Bereich

Nach den intensiven theoretischen Einblicken in die Grundlagen der Kommunikation war Dewi gespannt darauf, wie sie dieses Wissen in ihrem Arbeitsalltag im HR-Bereich anwenden konnte. Kommunikation spielte im HR-Bereich eine zentrale Rolle, denn sie war der Schlüssel zur erfolgreichen Personalverwaltung, Mitarbeiterentwicklung und einer positiven Unternehmenskultur.

Einstellungsphase
Dewi erkannte schnell, dass vertiefte Kommunikationskenntnisse besonders in der Einstellungsphase essenziell sind. In Vorstellungsgesprächen klärte sie über die Unternehmenskultur auf und stellte sicher, dass die Erwartungen der Bewerber mit den Zielen der Organisation übereinstimmten. Eine klare und transparente Kommunikation war entscheidend, um Missverständnisse zu vermeiden und den Kandidaten einen reibungslosen Einstieg ins Unternehmen zu ermöglichen.

Mitarbeiterentwicklung

Auch was die Entwicklung etablierter Mitarbeiter anging, spielte Kommunikation eine wesentliche Rolle. Dewi war dafür verantwortlich, den Schulungs- und Entwicklungsbedarf zu identifizieren, Trainingsprogramme zu organisieren und regelmäßiges Feedback zur Leistung der Mitarbeiter zu geben. Sie erkannte, dass eine offene und wertschätzende Kommunikation dazu beitrug, die Motivation und Leistungsbereitschaft der Angestellten zu steigern.

Mitarbeiterbindung

Ein weiteres wichtiges Thema in Dewis Arbeitsalltag war die Mitarbeiterbindung. Sie wusste, dass zufriedene und engagierte Mitarbeiter dem Unternehmen langfristig treu bleiben. Um dies zu erreichen, setzte sie auf einen kontinuierlichen Austausch, in dem sie Leistungen anerkannte, ein positives Arbeitsumfeld förderte und Konflikte frühzeitig ansprach. Besonders das aktive Zuhören half ihr dabei, die Bedürfnisse der Mitarbeiter besser zu verstehen und gezielt darauf einzugehen.

Krisenmanagement und Konfliktlösung
Dewi wurde auch immer wieder mit herausfordernden Situationen konfrontiert – sei es bei internen Konflikten, Umstrukturierungen oder Krisensituationen. Hier war eine schnelle, klare und empathische Kommunikation gefragt. Sie arbeitete eng mit Führungskräften zusammen, um eine einheitliche und konstruktive Kommunikationsstrategie zu entwickeln, die das Vertrauen der Mitarbeiter stärkte und Unsicherheiten minimierte.

Zusammenarbeit mit Führungskräften
Neben den direkten Gesprächen mit Mitarbeitern spielte Dewi eine wichtige Rolle in der Unterstützung und Schulung von Führungskräften. Sie stellte Leitlinien und Best Practices für eine erfolgreiche Kommunikation bereit und half dabei, Mitarbeitergespräche effizient zu gestalten. Ihr Ziel war es, eine Kommunikationskultur zu etablieren, die Offenheit, Wertschätzung und klare Strukturen förderte.

Durch ihr vertieftes Wissen über Kommunikation konnte Dewi nicht nur ein positives Arbeitsumfeld schaffen, sondern auch dazu beitragen, dass die Organisation als Ganzes erfolgreicher wurde. Die richtigen Kommunikationsstrategien halfen dabei, Mitarbeiter zu gewinnen, zu binden und zu entwickeln – ein essenzieller Faktor für den langfristigen Erfolg des Unternehmens.

Die Psychologie hinter erfolgreicher Kommunikation

Dewi saß mit einer Tasse Kaffee in der Hand an ihrem Schreibtisch und blickte nachdenklich aus dem Fenster. Sie erinnerte sich an eine Situation aus der vergangenen Woche: Ein vielversprechender Mitarbeiter hatte in einem wichtigen Meeting eine brillante Idee präsentiert, doch niemand hatte wirklich darauf reagiert. Die Kollegen schienen entweder abgelenkt oder nicht überzeugt. Erst als ein erfahrener Kollege die gleiche Idee in anderen Worten wiederholte, erhielt sie die Aufmerksamkeit, die sie verdiente. Warum wurde die gleiche Botschaft so unterschiedlich aufgenommen? Dewi wusste, dass die Psychologie der Kommunikation hierbei eine entscheidende Rolle spielte.

Wahrnehmung und Interpretation
Jeder Mensch nimmt Informationen durch seine individuelle Brille wahr. Erfahrungen, Emotionen und persönliche Filter beeinflussen, wie eine Botschaft aufgenommen und interpretiert wird. Dewi dachte an eine Diskussion mit einer Kollegin zurück, die eine harmlose Bemerkung

von ihr als Kritik aufgefasst hatte. Erst im Nachhinein wurde ihr bewusst, dass die Kollegin in der Vergangenheit schlechte Erfahrungen mit ähnlichen Kommentaren gemacht hatte.

Kommunikation ist also weit mehr als nur der Austausch von Worten – sie ist ein Zusammenspiel aus nonverbalen Signalen, Tonfall, Körpersprache und den unbewussten Erwartungen der Beteiligten. Dewi beschloss, diese Erkenntnis in ihren nächsten Workshop einfließen zu lassen. Sie wollte den Teilnehmenden verdeutlichen, dass erfolgreiche Kommunikation oft davon abhängt, wie gut man sich in sein Gegenüber hineinversetzen kann.

Emotionen als Einflussfaktor

Dewi erinnerte sich an eine Führungskraft in ihrem Unternehmen, die in stressigen Situationen oft kurz angebunden und fordernd wirkte. Viele Mitarbeitende empfanden sie als unnahbar oder gar unsympathisch. Doch Dewi wusste, dass seine Art nicht aus Arroganz resultierte, sondern aus dem Druck, unter dem er stand. Emotionen beeinflussen nicht nur, wie wir kommunizieren, sondern auch, wie wir Botschaften interpretieren.

Studien zeigen, dass Menschen in stressigen oder emotional aufgeladenen Situationen eher dazu neigen, neutrale Aussagen als negativ zu deuten. Dewi erkannte, dass dies auch im beruflichen Kontext oft zu Missverständnissen führt. Daher nahm sie sich vor, den Zusammenhang zwischen Emotionen und Kommunikation in der Personalentwicklung ihres Unternehmens stärker zu berücksichtigen.

Die Rolle der Spiegelneuronen

Ein weiteres spannendes Konzept, das Dewi entdeckte, war das der Spiegelneuronen. Diese speziellen Nervenzellen sorgen dafür, dass Menschen intuitiv die Emotionen ihres Gegenübers erfassen und spiegeln. Wenn jemand beispielsweise mit einem Lächeln in den Raum tritt, steckt diese positive Ausstrahlung andere an. Genauso können negative Emotionen wie Frustration oder Ärger unbewusst übertragen werden.

Dewi testete dieses Prinzip in einem ihrer Workshops: Sie begann bewusst mit einer offenen, freundlichen Körpersprache und bemerkte, wie sich die Atmosphäre im Raum sofort entspannte. Ihre Teilnehmenden wirkten zugänglicher, beteiligten sich aktiver und waren insgesamt aufgeschlossener gegenüber neuen Ideen.

Die Macht der Sprache

Ein weiteres faszinierendes Thema war für Dewi der Einfluss der Wortwahl. Bestimmte Wörter können eine positive oder negative Reaktion hervorrufen. Ein einfaches Beispiel: „Ich verstehe deine Bedenken" klingt empathischer als „Das ist doch kein Problem". Die erste Formulierung signalisiert Verständnis, während die zweite das Gefühl vermitteln kann, dass die Sorgen nicht ernst genommen werden.

Dewi begann, bewusst darauf zu achten, wie sie in schwierigen Gesprächen sprach. Sie vermied negative Formulierungen und ersetzte sie durch konstruktive Alternativen. Schon nach kurzer Zeit stellte sie fest, dass die Gespräche mit Mitarbeitenden effektiver wurden und Missverständnisse seltener auftraten.

Bewusst kommunizieren

Nach ihrer intensiven Beschäftigung mit der Psychologie hinter erfolgreicher Kommunikation war Dewi überzeugt: Wer versteht, wie Wahrnehmung, Emotionen, Spiegelneuronen und Sprache miteinander verwoben sind, kann bewusster und gezielter kommunizieren. Sie machte sich eine Notiz für ihr nächstes Teammeeting: *„Wie können wir unsere Kommunikation bewusster gestalten, um Missverständnisse zu vermeiden und eine positivere Arbeitsatmosphäre zu schaffen?"*

Mit diesem Gedanken beschloss Dewi, ihre Erkenntnisse nicht nur für sich selbst zu nutzen, sondern sie auch aktiv in ihrem Unternehmen weiterzugeben. Denn sie wusste: Kommunikation ist nicht nur ein Werkzeug – sie ist der Schlüssel zu erfolgreicher Zusammenarbeit und langfristigem Unternehmenserfolg.

Erfolgreiches Onboarding durch gezielte Kommunikation

Was bedeutet Onboarding?

Onboarding bezeichnet die Einarbeitung neuer Mitarbeiter. Unternehmen investieren viel Zeit und Energie, um diesen Prozess so effizient wie möglich zu gestalten, damit neue Mitarbeiter schnell eigenständig arbeiten können. Dewi wusste, dass das Onboarding nicht nur ein Verwaltungsprozess war, sondern auch eine strategische Maßnahme, um Talente langfristig an das Unternehmen zu binden.

Die Kommunikation im Onboarding beginnt bereits vor dem ersten Arbeitstag. Neue Mitarbeiter sollten klare Informationen über den Ablauf des Onboarding-Prozesses, den Zeitplan und notwendige Dokumente erhalten. Dies schafft Transparenz und Vertrauen.

Dewi erkannte, dass ein gut durchdachtes Onboarding dazu beitrug, dass sich neue Mitarbeiter willkommen fühlten, schneller produktiv
wurden und sich besser in die Unternehmenskultur integrierten. Sie stellte sicher, dass sich
die neuen Mitarbeiter von Anfang an wertgeschätzt fühlten und in ihre Teams eingebunden
wurden.

Vier Phasen des Onboardings und ihre kommunikativen Herausforderungen

Dewi beschloss, den Onboarding-Prozess in vier Phasen zu unterteilen, um ihn effizient und strukturiert zu gestalten.

Prozessanalyse
In dieser ersten Phase wurden die Rahmenbedingungen für das Onboarding der jeweiligen Position festgelegt. Dazu gehörten organisatorische Aufgaben wie die Anlage des Mitarbeiters für beispielsweise die Gehaltsabrechnung, die Vergabe eines Arbeitsplatzes sowie die Planung der ersten Schulungen und Kennenlerntermine mit den Teamkollegen. Dewi stellte sicher, dass alle relevanten Abläufe im Vorfeld koordiniert wurden, um den neuen Mitarbeitern einen reibungslosen Start zu ermöglichen.

Implementierung

Nach der organisatorischen Vorbereitung erfolgte die Implementierungsphase. Hier wurden technische und administrative Systeme eingerichtet, darunter die Bereitstellung von Arbeitsmaterialien, die Anmeldung in IT-Systemen sowie der Zugriff auf Unternehmensplattformen wie das Intranet. Dewi stellte sicher, dass die neuen Mitarbeiter sich schnell zurechtfanden und alle erforderlichen Tools nutzen konnten.

Integrationsphase

Diese Phase war entscheidend für die soziale und fachliche Eingliederung des neuen Mitarbeiters. Dewi organisierte Willkommensgespräche, erste Schulungen und stellte sicher, dass neue Teammitglieder konkrete Aufgaben und Projekte zugewiesen bekamen. Der direkte Austausch mit Kollegen und Führungskräften war dabei essenziell, um ein Gefühl der Zugehörigkeit zu schaffen.

Berichterstattung

Die letzte Phase diente der Erfolgskontrolle des Onboarding-Prozesses. Dewi analysierte, wie gut die Einarbeitung verlaufen war, ob die Erwartungen der neuen Mitarbeiter erfüllt wurden und welche Optimierungspotenziale es gab. Sie sammelte Feedback und passte den Prozess kontinuierlich an, um ihn langfristig zu verbessern.

Feedbackkultur als Instrument zur Mitarbeiterentwicklung

Dewi hat inzwischen viele Einblicke in die Bedeutung der Kommunikation im HR-Bereich und speziell im Onboarding-Prozess erhalten. Doch ein zentraler Punkt, der in der Personalentwicklung eine essenzielle Rolle spielt, ist die Feedbackkultur.

Eines Morgens sitzt Dewi mit ihrer Mentorin Anna in der Kaffeeküche, als ihr Kollege Tobias hinzukommt. Er seufzt und schüttelt den Kopf.

„Ich verstehe es einfach nicht. Ich habe so viel Arbeit in das Projekt gesteckt, und dann kommt nur ein kurzer Kommentar von meinem Vorgesetzten – ‚Das passt so, danke‘.“

Anna lächelt verständnisvoll. *„Klingt so, als würdest du dir mehr Feedback wünschen?“*

„Ja! Ich hätte gerne gewusst, was genau gut war und wo ich mich verbessern kann. Ohne detailliertes Feedback bleibt man doch auf der Stelle stehen.“

Dewi denkt darüber nach. Ihr wird bewusst, dass Feedback mehr ist als nur Lob oder Kritik – es ist ein zentraler Bestandteil der Kommunikation im Unternehmen. Sie erinnert sich an eine Präsentation aus ihrer Einarbeitung: Eine positive Feedbackkultur ist entscheidend für die Entwicklung von Mitarbeitern, den Teamerfolg und die gesamte Unternehmenskultur.

Anna nutzt die Gelegenheit, um Dewi mehr über das Thema zu erklären.

„Feedback ist nicht einfach nur eine Rückmeldung – es ist ein Instrument zur Entwicklung."

Was macht eine gute Feedbackkultur aus?
Dewi erfährt, dass eine starke Feedbackkultur auf offener und ehrlicher Kommunikation basiert. In Unternehmen, in denen Feedback regelmäßig und konstruktiv gegeben wird, fühlen sich Mitarbeiter wertgeschätzt und sind motivierter.

„Stell dir vor, du arbeitest an einem Projekt, bekommst aber nie eine Rückmeldung darüber, ob du

auf dem richtigen Weg bist", erklärt Anna. *„Das wäre frustrierend, oder?"*

Dewi nickt. Das Beispiel von Tobias zeigt genau dieses Problem.

„Eine gute Feedbackkultur bedeutet nicht nur, dass Feedback gegeben wird, sondern auch, dass es verständlich, wertschätzend und umsetzbar ist", ergänzt Anna.

Dewi lernt, dass Feedback sowohl positiv als auch konstruktiv kritisch sein sollte. Während Lob Motivation und Bestätigung gibt, hilft konstruktive Kritik dabei, sich weiterzuentwickeln. Doch nicht jeder kann gut mit Feedback umgehen – Kommunikation spielt dabei eine zentrale Rolle.

Kommunikation im Feedbackprozess

„Ein häufiges Problem ist, dass Feedback falsch verstanden wird", sagt Anna.

Dewi überlegt. Sie erinnert sich an eine Situation in der Uni, in der sie nach einer Gruppenpräsentation kritisches Feedback bekam und sich sofort verteidigte. Damals hatte sie es als Angriff empfunden – heute versteht sie, dass es eigentlich eine Chance zur Verbesserung war.

Anna erklärt weiter:

Klarheit ist entscheidend: Feedback sollte konkret und verständlich formuliert werden, damit es keine Missverständnisse gibt.

Der Ton macht die Musik: Wertschätzende Kommunikation ist wichtig, damit Kritik nicht als persönlicher Angriff verstanden wird.

Aktives Zuhören: Nicht nur der Feedbackgeber, sondern auch der Empfänger trägt Verantwortung. Wer gut zuhört und nachfragt, kann mehr aus dem Feedback mitnehmen.

Der richtige Zeitpunkt: Feedback sollte nicht aufgeschoben werden – je früher, desto besser, solange es sachlich bleibt.

Dewi fragt: *„Gibt es verschiedene Formen von Feedback?"*

Anna nickt. *„Ja, und es kommt darauf an, wie und wann es eingesetzt wird."*

Formen von Feedback in Unternehmen

Regelmäßige Feedbackgespräche – geplante Meetings zwischen Führungskraft und Mitarbeiter, in denen gezielt über Leistung, Entwicklungsmöglichkeiten und Ziele gesprochen wird.

Spontanes, informelles Feedback – eine schnelle Rückmeldung im Arbeitsalltag, zum Beispiel nach einer gelungenen Präsentation.

60-Grad-Feedback – eine umfassende Rückmeldung, bei der Kollegen, Vorgesetzte und manchmal sogar Kunden einer Person Feedback geben.

Peer-Feedback – Rückmeldungen innerhalb eines Teams, oft zwischen gleichrangigen Kollegen.

Selbstreflexion – Mitarbeiter werden dazu ermutigt, sich selbst kritisch zu hinterfragen und ihre eigene Leistung einzuschätzen.

Dewi erkennt, dass Feedback weit mehr ist als nur eine Bewertung – es ist ein Werkzeug für persönliche und berufliche Entwicklung.

Herausforderungen bei der Feedback-kommunikation

Tobias hört aufmerksam zu. *„Aber was ist, wenn Feedback nicht gut ankommt?"*

„Das ist eine der größten Herausforderungen", antwortet Anna. *„Es gibt Mitarbeiter, die sofort in eine defensive Haltung gehen, weil sie Feedback als Kritik an ihrer Person sehen."*

Dewi nickt. Sie versteht, dass hier Kommunikation und Psychologie eine große Rolle spielen. Unternehmen müssen eine Umgebung schaffen, in der Feedback als Chance zur Verbesserung und nicht als Vorwurf wahrgenommen wird.

Anna zählt einige typische Herausforderungen auf:

Missverständnisse: Wenn Feedback zu vage oder unklar formuliert ist.

Defensive Reaktionen: Manche Menschen nehmen Kritik persönlich, anstatt sie als konstruktiv zu sehen.

Mangelnde Feedback-Kultur: Wenn in einem Unternehmen Feedback nur selten oder gar nicht gegeben wird, kann das zu Unsicherheit und Unzufriedenheit führen.

Unzureichende Wertschätzung: Wenn nur negative Kritik geäußert wird, aber positives Feedback fehlt.

„Deshalb ist es wichtig, eine Umgebung zu schaffen, in der Feedback normal und alltäglich ist", erklärt Anna.

Dewi fragt sich, wie eine Organisation das umsetzen kann.

Anna zählt einige wichtige Maßnahmen auf:

Führungskräfte als Vorbilder: Wenn Vorgesetzte regelmäßig Feedback geben und einholen, übernehmen Mitarbeiter dieses Verhalten.

Schulungen und Workshops: Kommunikationstrainings helfen, Feedback richtig zu formulieren und anzunehmen.

Regelmäßige Feedbackgespräche: Unternehmen sollten feste Prozesse für Feedback etablieren, z. B. Quartalsgespräche.

Fehlerfreundlichkeit fördern: Wenn Mitarbeiter keine Angst vor negativen Konsequenzen haben, nehmen sie Feedback offener an.

Feedback in den Alltag integrieren: Es sollte nicht nur einmal im Jahr ein Feedbackgespräch geben – eine kontinuierliche Kultur ist effektiver.

Dewi ist beeindruckt. Sie erkennt, dass Feedback keine einmalige Angelegenheit ist, sondern ein zentraler Bestandteil der Unternehmenskultur.

„Wow, ich hätte nicht gedacht, dass Feedback so vielschichtig ist", sagt sie.

Anna lacht. *„Viele denken, dass es einfach nur um ‚gut gemacht' oder ‚das war nicht optimal' geht. Aber in Wahrheit ist es eines der wichtigsten Kommunikationstools in der Personalentwicklung."*

Dewi nimmt sich vor, in Zukunft mehr darauf zu achten, wie Feedback gegeben und aufgenommen wird. Sie will sich selbst darin verbessern und aktiv dazu beitragen, eine offene, wertschätzende Feedbackkultur zu fördern.

Tobias grinst. *„Vielleicht sollte ich meinem Chef mal ein bisschen Feedback zu seinem Feedback geben..."*

Konfliktprävention in der Personal-entwicklung

Dewi hatte in ihrer Laufbahn oft erlebt, dass Konflikte im Unternehmen unausweichlich waren. Ob es um Missverständnisse zwischen Kollegen, unterschiedliche Erwartungen an Projekte oder Meinungsverschiedenheiten zwischen Mitarbeitern und Führungskräften ging – Konflikte waren ein natürlicher Bestandteil des Arbeitslebens. Doch was Dewi zunehmend erkannte, war, dass viele dieser Konflikte vermeidbar gewesen wären, wenn es frühzeitig präventive Maßnahmen gegeben hätte.

Die Bedeutung der Konfliktprävention

In der Personalentwicklung spielt die Konfliktprävention eine zentrale Rolle. Unternehmen, die aktiv daran arbeiten, Konflikte zu minimieren, profitieren von einer besseren Zusammenarbeit, höherer Mitarbeiterzufriedenheit und gesteigerter Produktivität. Konflikte, die nicht rechtzeitig erkannt und gelöst werden, können hingegen das Betriebsklima nachhaltig belasten und sogar zur Kündigung wertvoller Mitarbeiter führen.

Dewi erinnerte sich an eine Situation in ihrem Unternehmen, bei der zwei Abteilungen über die Zuständigkeit eines Projekts stritten. Anstatt frühzeitig eine Klärung herbeizuführen, wurde das Problem ignoriert, bis es eskalierte. Erst als die Geschäftsleitung eingriff, konnte eine Lösung gefunden werden – allerdings auf Kosten der Motivation und des Vertrauens der beteiligten Teams. Diese Erfahrung bestärkte Dewi darin, präventive Maßnahmen für ihr Unternehmen zu entwickeln.

Strategien zur Konfliktprävention

Dewi wusste, dass eine erfolgreiche Konfliktprävention auf mehreren Ebenen ansetzen musste. Gemeinsam mit ihrem Team entwickelte sie ein Konzept, das folgende Schwerpunkte umfasste:

Offene Kommunikationskultur fördern
Transparenz und regelmäßiger Austausch sind essenziell, um Missverständnisse zu vermeiden.

Dewi etablierte monatliche Team-Meetings, in denen Herausforderungen offen angesprochen werden konnten. Zusätzlich führte sie eine digitale Plattform ein, auf der Mitarbeiter anonym ihre Bedenken äußern konnten.

Klare Rollen und Verantwortlichkeiten definieren

Einer der häufigsten Gründe für Konflikte ist Unklarheit über Zuständigkeiten. Dewi setzte sich dafür ein, dass jede Position im Unternehmen mit einer klaren Aufgabenbeschreibung versehen wurde. Zudem wurden Erwartungen an Projekte vorab genau definiert, um spätere Streitpunkte zu vermeiden.

Schulungen für Führungskräfte und Mitarbeiter

Ein weiterer Baustein der Konfliktprävention war das Training von Führungskräften und Mitarbeitern im Umgang mit schwierigen Situationen. Dewi organisierte Workshops zu Themen wie gewaltfreie Kommunikation, aktives Zuhören und deeskalierende Gesprächsführung.

Konfliktlösungsmechanismen etablieren

Trotz aller Prävention ließ sich nicht jeder Konflikt verhindern. Daher war es wichtig, klare Prozesse für die Konfliktlösung zu haben. Dewi setzte auf eine Mischung aus Mediation, internen Schlichtungsgesprächen und externen Moderatoren für besonders schwierige Fälle.

Team-Building-Maßnahmen stärken

Eine gute Zusammenarbeit kann viele Konflikte verhindern. Dewi organisierte regelmäßig Team-Events und förderte interdisziplinäre Projekte, um den Austausch zwischen Abteilungen zu verbessern.

Ein nachhaltiger Ansatz

Nachdem Dewi diese Maßnahmen eingeführt hatte, bemerkte sie eine Veränderung in der Unternehmenskultur. Mitarbeiter fühlten sich sicherer, Konflikte offen anzusprechen, bevor sie eskalierten. Führungskräfte waren besser darauf vorbereitet, Streitigkeiten frühzeitig zu erkennen und zu moderieren. Das gesamte Unternehmen profitierte von einem harmonischeren und produktiveren Arbeitsklima.

Dewi erkannte, dass Konflikte niemals gänzlich vermeidbar waren – aber mit den richtigen präventiven Maßnahmen konnten sie in vielen Fällen entschärft werden oder entstanden erst gar nicht. Damit hatte sie einen wichtigen Beitrag zur nachhaltigen Personalentwicklung geleistet.

Entwicklung von Mitarbeitern

Die Entwicklung von Mitarbeitern ist ein zentraler Bestandteil einer erfolgreichen Personalstrategie. Unternehmen, die in die Weiterbildung und Förderung ihrer Angestellten investieren, profitieren nicht nur von steigender Kompetenz und Produktivität, sondern auch von einer höheren Mitarbeiterzufriedenheit und -bindung. Doch wie kann eine gezielte und effektive Entwicklung sichergestellt werden?

In diesem Kapitel begleiten wir Dewi weiterhin auf ihrem Weg als HR-Managerin. Nachdem sie sich intensiv mit den Grundlagen der Kommunikation auseinandergesetzt hat, versteht sie nun, wie wichtig gezielte Kommunikation für die Personalentwicklung ist. Doch damit

Mitarbeiter bestmöglich gefördert werden können, muss zunächst der Bildungsbedarf ermittelt werden. Welche Fähigkeiten fehlen? Welche Kompetenzen müssen ausgebaut werden? Und welche Methoden eignen sich, um diese Fragen zu beantworten?

Methoden zur Ermittlung des Bildungsbedarfs in Unternehmen

Nachdem Dewi sich intensiv mit der Bedeutung der Kommunikation im HR-Bereich und speziell im Onboarding-Prozess auseinandergesetzt hat, widmet sie sich nun einem neuen wichtigen Thema: der Entwicklung von Mitarbeitern. Sie weiß, dass gezielte Weiterbildungsmaßnahmen nicht nur die individuellen Fähigkeiten stärken, sondern auch das Unternehmen langfristig wettbewerbsfähig halten. Doch bevor sie geeignete Schulungen oder Programme vorschlagen kann, muss sie den tatsächlichen Bildungsbedarf der Mitarbeiter ermitteln.

Bei ihrem nächsten Meeting mit ihrem Mentor, Herrn Bergmann, erfährt Dewi, dass es zwei

Perspektiven gibt, aus denen der Bildungsbedarf betrachtet werden kann:

Die Mikroperspektive des einzelnen Mitarbeiters: Hier geht es darum, individuelle Stärken, Schwächen und Weiterbildungswünsche zu analysieren. Welche Fähigkeiten fehlen, um die tägliche Arbeit effektiver zu gestalten? Welche Karriereziele verfolgt der Mitarbeiter? Basierend auf diesen Erkenntnissen, lassen sich gezielte Personalentwicklungsmaßnahmen ableiten.

Die Makroperspektive des Unternehmens Hier betrachtet die Geschäftsführung die übergeordneten Herausforderungen der Organisation. Welche Kompetenzen werden in Zukunft benötigt? Wie kann die Personalentwicklung helfen, strategische Unternehmensziele zu erreichen? Da Ressourcen begrenzt sind, müssen Unternehmen priorisieren, welche Maßnahmen den größten Nutzen bringen.

Dewi lernt verschiedene Methoden kennen, um den Bildungsbedarf systematisch zu erfassen:

Der strategische Bedarfsklärungsworkshop
Einmal im Jahr treffen sich die Geschäftsführung und die oberen Führungskräfte zu einem mehrtägigen Workshop, um die vorrangigen Themen in der Personalentwicklung zu definieren. Ein externer Moderator begleitet den Prozess und sorgt für eine strukturierte Herangehensweise. Dewi findet diesen Ansatz spannend, da er die langfristigen Unternehmensziele mit der Personalentwicklung verbindet.

Der Soll-Ist-Abgleich durch Kompetenz-profile
Dewi erkennt den praktischen Nutzen dieser Methode: In jährlichen Mitarbeitergesprächen werden die bisherigen Leistungen und das Verhalten reflektiert. Gemeinsam mit dem Vorgesetzten wird erörtert, welche Kompetenzen für die zukünftigen Aufgaben noch entwickelt werden müssen. Diese Methode ermöglicht eine individuelle Förderung, die sich an den tatsächlichen Anforderungen orientiert.

Die Analyse von Stellenbeschreibungen
Viele Unternehmen nutzen detaillierte Stellenbeschreibungen, um die Anforderungen einer

116

Position festzuhalten. Dewi sieht darin eine schnelle und effiziente Möglichkeit, den Weiterbildungsbedarf zu ermitteln. Aus dem Vergleich des aktuellen Kompetenzstands eines Mitarbeiters mit den erwarteten Anforderungen können gezielte Schulungsmaßnahmen abgeleitet werden.

Nachdem Dewi all diese Methoden kennengelernt hat, überlegt sie, welche sich für ihr Unternehmen am besten eignen. Sie beschließt, in einer HR-Teamsitzung die verschiedenen Ansätze zu diskutieren und eine Strategie zu entwickeln, die sowohl die individuellen Bedürfnisse der Mitarbeiter als auch die Unternehmensziele berücksichtigt.

Strategien zur erfolgreichen Personal-entwicklung

Nachdem Dewi mittlerweile tief in das Thema Kommunikation im HR-Bereich eingetaucht war, stand nun der nächste große Abschnitt ihrer Entwicklung an: die gezielte Förderung von Mitarbeitern. Ihr Team hatte erkannt, dass eine effektive Personalentwicklung nicht nur auf zufällige Schulungen oder spontane Weiterbildungsmöglichkeiten beschränkt sein sollte, sondern in klar strukturierten Phasen ablaufen musste.

Sequenzen der Personalbildung

Dewi saß mit ihrem Mentor Tobias zusammen, der ihr die verschiedenen Phasen der Personalbildung erklärte. „Die Entwicklung von Kompetenzen geschieht nicht auf einmal", begann er. „Sie findet in Sequenzen statt – verteilt über die gesamte Laufbahn eines Mitarbeiters."

Er zeichnete auf einem Whiteboard eine Art Zeitstrahl, auf dem er die verschiedenen Phasen markierte.

Into the Job. „Das ist die Einführungsphase, also alles, was wir beim Onboarding besprochen haben. Neue Mitarbeiter erhalten grundlegende Informationen über das Unternehmen und ihre Aufgaben. Führungskräfte bekommen eine erste Einführung in ihre Rolle."

On the Job & Near the Job. „Hier geht es darum, Erfahrungen zu sammeln. ‚On the job‘ bedeutet Lernen direkt im eigenen Verantwortungsbereich – also durch praktische Arbeit. ‚Near the job‘ sind Maßnahmen, die nah an der eigentlichen Tätigkeit liegen, wie etwa Job-Rotation oder Mentoring.“

Off the Job. „Das sind Weiterbildungen außerhalb des Arbeitsplatzes, wie Seminare, Konferenzen oder externe Schulungen. Diese Methode bietet oft den Vorteil, dass Mitarbeiter neue Perspektiven gewinnen, weil sie ihr gewohntes Umfeld verlassen.“

Along the Job. „Diese Form der Entwicklung ist langfristig angelegt. Es geht darum, Mitarbeitende systematisch auf ihre zukünftige Karriere vorzubereiten, etwa durch Entwicklungspläne oder gezielte Förderung.“

Out of the Job. „Schließlich gibt es noch die Phase, in der ein Mitarbeiter das Unternehmen verlässt – sei es durch Ruhestand oder einen internen Wechsel. Hier liegt der Fokus weniger auf dem Erwerb neuer Fähigkeiten, sondern darauf,

Wissen und Erfahrungen an Nachfolger weiterzugeben."

Dewi nickte nachdenklich. „Das macht total Sinn! Die Entwicklung endet also nicht nach der Einarbeitung, sondern ist ein fortlaufender Prozess."

Tobias lächelte. „Genau. Und diese Sequenzen überlappen sich oft, weil Lernen nicht linear abläuft. Unser Ziel ist es, die richtigen Maßnahmen zur richtigen Zeit anzubieten, um Mitarbeiter gezielt zu fördern."

Dewi machte sich Notizen. Sie erkannte, dass Personalentwicklung weit mehr war als das bloße Anbieten von Schulungen. Es war ein strategischer Prozess, der sich über Jahre erstreckte – und den sie nun aktiv mitgestalten konnte.

Traditionelle Entwicklungsmethoden

Nachdem Dewi und ihr Team sich mit den verschiedenen Sequenzen der Personalbildung auseinandergesetzt hatten, stand nun die Betrachtung der traditionellen Entwicklungsmethoden auf der Agenda. Bei einem Meeting mit ihrer HR-Kollegin Sarah wurde schnell klar, dass viele Unternehmen lange Zeit auf diese Methoden gesetzt hatten – und einige es auch heute noch tun.

„In Unternehmen, die traditionelle Entwicklungsmethoden bevorzugen, dient die Fortbildung in erster Linie dazu, einen reibungslosen und effizienten Ablauf zu gewährleisten. Die individuellen Bedürfnisse der Mitarbeitenden oder eine gezielte Karriereentwicklung stehen oft nicht im Fokus", erklärte Sarah.
Dewi nickte nachdenklich. „Das klingt ein bisschen wie Schule – ein starrer Lehrplan, den alle durchlaufen müssen, oder?"

Sarah bestätigte: „Ganz genau. Wissen wird wie im schulischen Lernen vermittelt – durch Belehrungen, Vorlesungen, Unterricht und Unterweisungen. Die Lernenden notieren sich die Informationen, lernen sie gegebenenfalls auswendig und wenden sie an. Diskussionen oder kritisches Hinterfragen gibt es dabei kaum."

Dewi konnte sich vorstellen, dass ein solches System für manche Mitarbeitenden frustrierend sein musste. „Also geht es dabei eher darum, dass Mitarbeitende Defizite ausgleichen sollen, statt dass sie aktiv in ihrer Entwicklung gefördert werden?"

„Richtig. In solchen Unternehmen bedeutet die bloße Teilnahme an einer Weiterbildungsmaßnahme oft schon, dass Lernen stattgefunden hat. Das eigentliche Ziel – nachhaltige Kompetenzentwicklung – gerät dabei manchmal in den Hintergrund."

Dewi warf einen Blick auf die internen Schulungskataloge, die ihr Team bisher genutzt hatte. „Das erinnert mich an unser eigenes Schulungssystem. Wir haben einen Katalog mit standardisierten Weiterbildungen – aber ob die wirklich auf die individuellen Bedürfnisse der Mitarbeitenden abgestimmt sind, ist fraglich."

Sarah schmunzelte. „Genau das ist ein typisches Merkmal traditioneller Personalentwicklung. In Unternehmen dieser Art werden durch Normen, Standards und Konformität individuelle Ansprüche oft ignoriert. Alle Mitarbeitenden auf einer bestimmten Stufe sollen die gleichen Fähigkeiten besitzen wie ihre Kollegen."

Dewi überlegte, ob es nicht doch schon erste Ansätze einer moderneren Personalentwicklung in ihrem Unternehmen gab. „Aber wenn unsere Mitarbeitenden wenigstens die Möglichkeit haben, aus dem Schulungskatalog selbst auszuwählen, ist das doch schon ein Schritt in Richtung einer individuelleren Entwicklung, oder?"

Sarah nickte zustimmend. „Ja, das ist ein Anfang. In modernen Unternehmen wird immer mehr Wert darauf gelegt, dass Mitarbeitende eigenständig ihre Entwicklungswege mitgestalten können. Das ist ein Thema, das wir uns als Nächstes anschauen sollten."

Moderne Entwicklungsmethoden
Nachdem Dewi in ihrem Unternehmen bereits traditionelle Methoden der Personalentwicklung kennengelernt hatte, wurde ihr bewusst, dass sich die Anforderungen in der heutigen Arbeitswelt stetig veränderten. Neue Technologien, steigende Qualitätsansprüche und eine zunehmende Kundenorientierung erforderten

innovative Lernansätze, um die Mitarbeiterentwicklung nachhaltig zu gestalten.

Ein wichtiger Trend, der sich immer stärker abzeichnete, war das sogenannte „Self Service Learning". Dewi erkannte, dass Unternehmen zunehmend Strategien benötigten, um selbstorganisiertes Lernen zu fördern. Die Mitarbeiter sollten nicht mehr ausschließlich in klassischen Schulungen unterrichtet werden, sondern eigenverantwortlich auf verschiedenste Lernquellen zugreifen können. Dazu gehörten neben E-Learning-Kursen auch Online-Communities, große Kursdatenbanken, unternehmensinterne Lernplattformen, YouTube-Tutorials oder fachbezogene Blogs.

Besonders spannend fand Dewi neue Lernformate wie „Reverse Mentoring", „Bar Camps" oder „Learning Journeys". Beim Reverse Mentoring übernahmen jüngere Mitarbeiter die Rolle der Lehrenden und vermittelten älteren Kollegen Wissen, beispielsweise über digitale Trends oder neue Softwarelösungen. Das Bar Camp hingegen stellte eine völlig offene Form des Lernens dar. Es war eine Art Konferenz, die keinen festen Ablauf hatte – stattdessen konnten alle Teilnehmenden Themen vorschlagen und in spontanen Sessions diskutieren. Die Learning Journey wiederum bot eine strukturierte, aber flexible Methode, bei der Wissen über mehrere Etappen hinweg vermittelt wurde. Statt einer einzigen Lerneinheit wurde der Lernprozess in verschiedene Module unterteilt, die sich über einen längeren Zeitraum erstreckten.

Neben den innovativen Methoden wurde in modernen Unternehmen auch die Lernlandschaft selbst überdacht. Dewi stellte fest, dass sich die Gestaltung der Arbeitsplätze veränderte, um eine Umgebung zu schaffen, in der Arbeiten und Lernen immer stärker miteinander verschmolzen. Offene Räume für den Wissensaustausch, digitale Plattformen für interaktive Schulungen und flexibel nutzbare Lernzonen waren wichtige Bestandteile dieses neuen Ansatzes.

Während sie sich weiter mit dem Thema beschäftigte, wurde Dewi klar, dass moderne Entwicklungsmethoden nicht nur den Mitarbeitern mehr Verantwortung übertrugen, sondern auch die Unternehmenskultur veränderten. Die Personalentwicklung war längst nicht mehr nur eine Frage von Schulungskatalogen und festgelegten Trainings – es ging darum, eine Umgebung zu schaffen, in der kontinuierliches Lernen zur Selbstverständlichkeit wurde.

Erfolgskontrolle einer Entwicklungsmethode

Dewi hatte inzwischen ein tieferes Verständnis für die Bedeutung der Personalentwicklung gewonnen und beschäftigte sich nun mit der Frage, wie Unternehmen garantieren können, dass ihre Maßnahmen zur Mitarbeiterentwicklung tatsächlich erfolgreich sind.

„Es bringt ja nichts, wenn wir viel Geld und Zeit in Trainings stecken, aber am Ende nicht wissen, ob sie überhaupt etwas bewirken", überlegte sie laut, während sie sich mit ihrem Mentor Marc austauschte.

Marc nickte zustimmend. „Genau. Deshalb ist die Erfolgskontrolle einer Entwicklungsmethode so wichtig. Wir müssen messen können, ob unsere Maßnahmen den gewünschten Effekt haben."

Gemeinsam gingen sie die verschiedenen Methoden der Trainingsevaluation durch. Marc erklärte, dass ein Entwicklungsprogramm – etwa ein Führungskräftetraining – anhand vorher festgelegter Kriterien bewertet wird. Dabei können sowohl direkte Auswirkungen auf die Teilnehmer als auch langfristige Effekte auf das Unternehmen analysiert werden.

Dewi notierte sich die wichtigsten Kriterien für eine erfolgreiche Bewertung:

Hat sich das Verhalten der Teilnehmer positiv verändert?

Wurde das Gelernte im Arbeitsalltag umgesetzt?

Sind wirtschaftliche Effekte wie Produktivitätssteigerungen oder Kostensenkungen erkennbar?

„Und wie genau misst man das?", fragte sie neugierig.
„Es gibt verschiedene Methoden", antwortete Marc. „Zum Beispiel führen viele Unternehmen Mitarbeiterbefragungen durch, um zu sehen, ob sich der Führungsstil verbessert hat. Oder sie

setzen auf Gespräche mit Vorgesetzten, um Veränderungen zu analysieren. Eine weitere Möglichkeit sind Assessment-Center, in denen Mitarbeiter ihre neuen Fähigkeiten praktisch anwenden müssen."

Dewi fand das Konzept spannend. „Das bedeutet also, dass die Erfolgskontrolle nicht nur dazu dient, eine einzelne Maßnahme zu bewerten, sondern auch dazu, die gesamte Personalentwicklung strategisch weiterzuentwickeln?"

Marc lächelte. „Exakt. Nur so kann ein Unternehmen sicherstellen, dass es seine Mitarbeiter langfristig fördert und gleichzeitig seinen wirtschaftlichen Erfolg steigert."
Dewi lehnte sich nachdenklich zurück. Sie erkannte, dass Personalentwicklung weit mehr war als nur das Anbieten von Schulungen. Sie war ein strategischer Prozess, der durch kontinuierliche Messung und Anpassung optimiert werden musste. Und genau das wollte sie in ihrer eigenen Arbeit umsetzen.

Führungskräfteentwicklung:

Warum Kommunikationsstärke

entscheidend ist

Führungskräfte spielen eine zentrale Rolle für den Erfolg eines Unternehmens. Sie sind nicht nur für die Erreichung von Unternehmenszielen verantwortlich, sondern auch für die Motivation, Entwicklung und Zufriedenheit ihrer Mitarbeiter. Doch nicht jeder, der eine Führungsposition übernimmt, ist automatisch eine gute Führungskraft. Deshalb ist eine gezielte Führungskräfteentwicklung essenziell – sie stellt sicher, dass Führungskräfte die notwendigen Fähigkeiten erlernen und kontinuierlich weiterentwickeln.

Dewi hatte in den letzten Monaten viel über sich selbst gelernt. Sie hatte Seminare besucht, an Workshops teilgenommen und sich intensiv mit modernen Entwicklungsmethoden auseinandergesetzt. Doch eines war ihr klar: Ihre Reise war noch nicht zu Ende. Jetzt stand sie vor einer neuen Herausforderung – der Entwicklung von Führungskräften.

Um eine Führungskraft gezielt weiterzuentwickeln, musste zunächst ermittelt werden, welche Fähigkeiten und Kompetenzen sie benötigte. Dewi lernte, dass die zentralen Aufgabenbereiche einer Führungskraft in sieben wesentliche Teilbereiche unterteilt werden konnten.

Der erste und vielleicht wichtigste Punkt war die Kommunikation. Eine Führungskraft musste in der Lage sein, Informationen klar und rechtzeitig an ihre Mitarbeiter weiterzugeben. Nur so konnten Fehlentscheidungen vermieden und das Zusammengehörigkeitsgefühl innerhalb des Teams gestärkt werden. Eine effektive Kommunikation führte somit nicht nur zu einer höheren Arbeitsmoral, sondern auch zu besseren Ergebnissen.

Der zweite Punkt war die Motivation. Dewi verstand nun, dass Motivation weit mehr war als nur das Wecken eines Bedürfnisses. Während ein Motiv einen Beweggrund darstellte, um eine

Handlung auszuführen, war Motivation ein komplexer Prozess, der das Verhalten steuerte. Sie erinnerte sich an ein anschauliches Beispiel: An einem heißen Sommertag konnte die Werbung für ein kühles Getränk das Motiv „Durst" wecken. Doch ob dieses Getränk gekauft wurde, hing von vielen weiteren Faktoren ab, wie etwa den finanziellen Mitteln oder Alternativen wie kostenlosem Wasser aus einem Spender. Motivation setzte sich also aus einer Kombination aus Anreizen, Motiven, Handlungen, Zielen und Anpassung zusammen.

Ein weiterer zentraler Aspekt war das Erstellen und Vereinbaren von Zielen. Führungskräfte mussten lernen, realistische und motivierende Ziele zu setzen. Dabei gab es zwei grundlegende Prinzipien: das Maximal- und das Minimalprinzip. Dewi erkannte schnell, dass das Minimalprinzip, bei dem das Ziel mit möglichst wenig Aufwand erreicht werden sollte, oft zu Leistungsdruck und Unzufriedenheit führte. Dies konnte sich durch hohe Fehlzeiten oder eine steigende Mitarbeiterfluktuation negativ auf das Unternehmen auswirken. Es war daher entscheidend, Ziele klug und nachhaltig zu formulieren.

Der vierte Bereich war die Planung. Eine gute Führungskraft musste stets einen Plan B in der Tasche haben. Was geschah, wenn ein Mitarbeiter plötzlich ausfiel? Wer konnte die Arbeit übernehmen? Diese Fragen galt es bereits im Voraus zu beantworten, um auf unvorhergesehene Ereignisse vorbereitet zu sein.

Der fünfte Punkt beschäftigte sich mit dem Fordern und Fördern. Eine Führungskraft musste von ihren Mitarbeitern bestimmte Leistungen erwarten, gleichzeitig aber auch die notwendigen Voraussetzungen schaffen, damit diese Erwartungen erfüllt werden konnten. Das bedeutete, dass Aus- und Weiterbildungen, persönliche Unterstützung und eine sinnvolle Arbeitsgestaltung zentrale Elemente einer erfolgreichen Führung waren.

Als sechster Punkt stand die Fähigkeit zur Kooperation im Mittelpunkt. Dewi hatte gelernt, dass Führungskräfte nicht isoliert agieren konnten. Sie mussten mit ihren Teams zusammenarbeiten, Vertrauen aufbauen und andere beeinflussen, um gemeinsame Ziele zu erreichen.

Schließlich kam der siebte Bereich: die Beurteilung. Eine Führungskraft musste in der Lage sein, ihre Mitarbeiter objektiv zu bewerten – frei von Vorurteilen und im Einklang mit dem allgemeinen Gleichbehandlungsgesetz. Nur durch faire und transparente Beurteilungen konnten langfristig Motivation und Vertrauen innerhalb eines Teams gefördert werden.

Dewi nahm all diese Erkenntnisse mit und begann, sie in ihrer eigenen Arbeit anzuwenden. Sie verstand nun, dass Führung mehr war als nur das Verteilen von Aufgaben. Es war eine Kunst, die richtigen Impulse zu setzen, Menschen zu inspirieren und ein Umfeld zu schaffen, in dem jeder Einzelne sein Potenzial entfalten konnte.

Führungsstile und ihr Einfluss auf Mitarbeiterkommunikation

Dewi hatte in den letzten Wochen viel über die Entwicklung von Führungskräften gelernt. Nun stand sie vor der nächsten Herausforderung: die verschiedenen Führungsstile zu verstehen. Ihr Mentor, Herr Wagner, nahm sich erneut Zeit für sie.

„Dewi, eine Führungskraft hat viele Aufgaben, aber die Art und Weise, wie sie führt, entscheidet maßgeblich über den Erfolg", begann er. „Es gibt verschiedene Führungsstile, und jeder hat seine Vor- und Nachteile."

Dewi nickte aufmerksam. „Also geht es darum, wie eine Führungskraft ihre Mitarbeiter lenkt und motiviert?"

„Ganz genau", bestätigte Herr Wagner. „Bereits in den 1940er-Jahren wurde in den USA ein Modell entwickelt, das zwei zentrale Faktoren berücksichtigt: die Mitarbeiterorientierung und die Aufgabenorientierung. Eine mitarbeiterorientierte Führungskraft sorgt für das Wohlergehen ihrer Angestellten, unterstützt sie und pflegt ein gutes Verhältnis zu ihnen. Eine aufgabenorientierte Führungskraft hingegen setzt auf Leistung, tadelt mangelhafte Arbeit und fordert maximale Anstrengung ein."

Dewi runzelte die Stirn. „Dann wäre die ideale Führungskraft jemand, der beides beherrscht?"

„Richtig! Das sogenannte ‚GRID-Modell' beschreibt eine optimale Führung als ‚9,9 Führung' – also eine Kombination aus hoher Mitarbeiter- und hoher Aufgabenorientierung. Dieses Modell war lange Zeit populär, aber in den 1980er-Jahren rückten andere Aspekte stärker in den Fokus", erklärte Herr Wagner weiter.

Dewi hörte gespannt zu. „Was genau hat sich geändert?"

„Man erkannte, dass nicht nur harte Faktoren wie Aufgabenverteilung und Kontrolle entscheidend sind, sondern auch weiche Faktoren – also Werte, Erwartungen und Einstellungen. Daraus entwickelte sich eine neue

Führungsdualität: die transaktionale und die transformationale Führung."

Dewi notierte sich die Begriffe und fragte neugierig: „Was ist der Unterschied?"

„Die transaktionale Führung basiert auf einem klaren Tauschgeschäft", erklärte Herr Wagner. „Es gibt Anreize und Belohnungen für gute Leistung. Die Führungskraft greift nur dann ein, wenn etwas nicht nach Plan läuft – das nennt man ‚Management by Exception'."

Dewi nickte verständnisvoll. „Also eine eher zurückhaltende, aber zielgerichtete Art der Führung."

„Genau. Die transformationale Führung hingegen geht einen Schritt weiter. Hier geht es darum, die Mitarbeitenden zu inspirieren und zu motivieren, sodass sie sich aus Überzeugung für die Ziele des Unternehmens einsetzen. Das funktioniert durch Charisma, intellektuelle Stimulierung und individuelle Wertschätzung."

Dewi lehnte sich nachdenklich zurück. „Das klingt, als könnte eine transformative Führungskraft viel bewirken."

Herr Wagner lächelte. „Das kann sie tatsächlich. Eine starke Führungskraft muss verstehen, wann welcher Stil angebracht ist. Es gibt kein allgemeingültiges Rezept – aber wer sich mit diesen Konzepten auseinandersetzt, kann seine Führung gezielt weiterentwickeln."

Dewi hatte das Gefühl, ein weiteres wichtiges Puzzleteil ihres Lernprozesses gefunden zu haben. Führung war weit mehr als nur Anweisungen geben – es war eine Kunst, die Fingerspitzengefühl und ein tiefes Verständnis für Menschen erforderte.

Potenzialanalysen: Talente erkennen und gezielt fördern

Dewi betrat an diesem Morgen das Büro mit einer Mischung aus Neugier und Anspannung. Sie wusste, dass heute ein wichtiges Thema auf der Agenda stand – die Potenzialanalyse. Für die Weiterentwicklung des Unternehmens war es entscheidend, Führungspersönlichkeiten nicht nur aufgrund vergangener Leistungen auszuwählen, sondern ihr zukünftiges Wachstumspotenzial realistisch einzuschätzen.

„Also, woran erkennen wir, ob jemand wirklich das Potenzial zur Führungskraft hat?", fragte sie nachdenklich in die Runde.

Ihr Vorgesetzter, Herr Bergmann, nickte zustimmend. „Genau das ist der Kernpunkt. Wir müssen über bisherige Erfolge hinausblicken und herausfinden, ob jemand langfristig wachsen und die Herausforderungen der Zukunft meistern kann."

Er legte ein Dokument auf den Tisch. „Eine fundierte Potenzialanalyse stützt sich auf vier zentrale Dimensionen: Neugier, Erkenntnisvermögen, Mobilisierungskraft und Entschlossenheit."

Dewi nahm das Blatt und überflog die Begriffe. „Klingt spannend! Aber was bedeuten diese Dimensionen genau?"

Herr Bergmann lächelte. „Gute Frage. Neugier beschreibt den Drang nach neuen Erfahrungen und Wissen. Eine neugierige Führungskraft bleibt nicht stehen, sondern sucht kontinuierlich nach neuen Herausforderungen."

Dewi nickte. „Das macht Sinn. Wer sich nicht weiterentwickeln will, bleibt irgendwann zurück."

„Ganz genau", fuhr Herr Bergmann fort. „Dann haben wir das Erkenntnisvermögen. Es geht darum, komplexe und sogar widersprüchliche Informationen zu verarbeiten und daraus innovative Lösungen abzuleiten."

Dewi runzelte die Stirn. „Also quasi eine Art strategisches Denken?"

„Exakt", bestätigte Herr Bergmann. „Dann gibt es noch die Mobilisierungskraft. Eine starke Führungskraft kann andere für ihre Ideen begeistern – emotional und rational. Diese Fähigkeit ist oft der Schlüssel, um Teams zu inspirieren und langfristig für ein gemeinsames Ziel zu motivieren."

Dewi grinste. „Also nicht nur reden, sondern auch mitreißen?"

„Richtig!", lachte Herr Bergmann. „Und schließlich die Entschlossenheit. Führung bedeutet, Risiken einzugehen, Rückschläge auszuhalten und trotzdem den eigenen Kurs zu halten. Aber eine wirklich gute Führungskraft überprüft Entscheidungen auch ständig und ist bereit, den Weg anzupassen, wenn nötig."

Dewi lehnte sich zurück. „Ich verstehe. Es geht also nicht nur darum, wie jemand heute performt, sondern ob er oder sie in Zukunft wachsen kann."

Herr Bergmann nickte anerkennend. „Genau. Es gibt viele, die in ihrer aktuellen Position brillieren, aber nicht das Potenzial für größere Herausforderungen mitbringen. Unsere Aufgabe ist es, diejenigen zu erkennen, die über sich hinauswachsen können."

Dewi schaute aus dem Fenster. Das Gespräch hatte ihr einen neuen Blickwinkel eröffnet. Es reichte nicht, einfach nur gut zu sein – es ging

darum, wer bereit war, sich ständig weiterzuentwickeln.

Herausforderungen in der Personalentwicklung: Stolpersteine und Lösungen

Dewi saß in einem Besprechungsraum und betrachtete die gesammelten Erkenntnisse zur Personalentwicklung. Sie hatte in den letzten Wochen viel über die Bedeutung der
Personalentwicklung gelernt, von der Identifikation des Bildungsbedarfs über traditionelle
und moderne Methoden bis hin zur Entwicklung von Führungskräften und der Erfolgskontrolle von Weiterbildungsmaßnahmen.

Doch trotz all dieser Möglichkeiten gab es immer noch erhebliche Hürden, die es Unternehmen erschwerten, eine effektive Personalentwicklung zu betreiben. Durch die
Globalisierung und die sich stetig wandelnden
wirtschaftlichen Herausforderungen war es
eine immense Aufgabe, Führungskräfte ge-
winnbringend zu positionieren. Sie sollten nicht

nur den Unternehmenserfolg halten, sondern diesen auch aktiv voranbringen. Dabei stellten die hohe Verantwortung und die Vielzahl an Aufgaben, die eine Führungskraft zu bewältigen hatte, eine echte Herausforderung dar.

Dewi reflektierte über die Dualität der Führung. Während früher zwischen mitarbeiterorientierter und aufgabenorientierter Führung unterschieden wurde, hatte sich dieser Ansatz mit den sich wandelnden Anforderungen verändert. Heutzutage setzte sich eine effektive Führung aus transaktionalen und transformationalen Elementen zusammen. Um den daraus resultierenden Anforderungen gerecht zu werden, wurden Methoden entwickelt, um den Entwicklungsbedarf von Führungskräften zu ermitteln.

Allerdings war es in der Praxis oft schwierig, diesen Bedarf auch wirklich zu decken. Viele Unternehmen hielten an traditionellen Lehrmethoden fest, die wenig Spielraum für moderne, flexibel einsetzbare Lernangebote ließen. Dewi stellte fest, dass ein modernes Unternehmen im Vergleich dazu wesentlich mehr Möglichkeiten hatte. Dort konnte Wissen kontinuierlich vermittelt werden – von der Einführung in die Firma bis hin zum Ausscheiden der Führungskraft. Die Effektivität und Effizienz solcher Maßnahmen konnten gemessen und optimiert werden, um eine nachhaltige Wirkung zu erzielen.

Trotz dieser Möglichkeiten wurden moderne Methoden in der Praxis nur selten genutzt. Viele Unternehmen hatten Schwierigkeiten, neue Konzepte zu implementieren. Besonders der mangelnde Ausbau der IT-Infrastruktur und fehlende digitale Kompetenzen stellten große Hürden dar. Es gab zwar immer mehr digitalisierte Unternehmen, doch selbst dort waren die Fähigkeiten der Führungskräfte, diese Systeme effektiv zu nutzen, oft unzureichend.

Dewi wurde bewusst, dass Unternehmen mit den vorhandenen Methoden theoretisch mit den Marktveränderungen Schritt halten könnten. Doch in der Praxis war dies oft nicht der Fall. Fehlendes Wissen und schlecht ausgebaute Strukturen führten dazu, dass viele Unternehmen hinterherhinkten. Um langfristig wettbewerbsfähig zu bleiben, war es daher unerlässlich, Führungskräfte verstärkt im IT-Bereich weiterzubilden und gleichzeitig die IT-Infrastruktur kontinuierlich auszubauen.

Dewi atmete tief durch. Ihr war klar geworden, dass Kommunikation in der Personalentwicklung essenziell war – nicht nur, um Wissen zu vermitteln, sondern auch, um Bewusstsein für die Notwendigkeit von Veränderungen zu schaffen. Sie nahm sich vor, diesen Gedanken in ihre weiteren Gespräche mit der Geschäftsleitung einzubringen, um langfristig eine nachhaltige Veränderung in der Führungskultur des Unternehmens zu bewirken.

Kommunikationskultur im Unternehmen gestalten

Dewi saß in einem Meeting mit der Geschäftsleitung, als ihr auffiel, wie unterschiedlich die Kommunikationsstile innerhalb des Unternehmens waren. Während einige Kollegen sehr direkt ihre Meinung äußerten, hielten sich andere eher zurück oder drückten sich sehr vorsichtig aus. Dies führte nicht selten zu Missverständnissen oder ineffizienten Diskussionen. Dewi wurde bewusst, dass eine gezielt gestaltete Kommunikationskultur einen erheblichen Einfluss auf die Zusammenarbeit und die gesamte Unternehmenskultur haben kann.

Die Bedeutung einer starken Kommunikationskultur

Eine Kommunikationskultur umfasst die Art und Weise, wie Informationen innerhalb eines Unternehmens ausgetauscht werden, welche Regeln und Werte dabei gelten und wie Mitarbeitende dazu ermutigt werden, sich aktiv zu beteiligen. Sie bildet das Fundament für eine offene und vertrauensvolle Zusammenarbeit.

Dewi erinnerte sich an ein Beispiel aus einem anderen Unternehmen, das sie als Best Practice betrachtet hatte: Dort wurden regelmäßig offene Dialogrunden zwischen den Mitarbeitenden und der Geschäftsleitung veranstaltet. Dies sorgte nicht nur für mehr Transparenz, sondern auch für eine stärkere Identifikation der Mitarbeitenden mit dem Unternehmen.

Schlüsselfaktoren einer positiven Kommunikationskultur

Dewi begann, eine Strategie zu entwickeln, um die Kommunikationskultur in ihrem Unternehmen gezielt zu verbessern. Sie identifizierte mehrere zentrale Faktoren:

Offenheit und Transparenz: Informationen sollten klar und verständlich kommuniziert werden. Eine offene Kommunikation fördert das Vertrauen der Mitarbeitenden und reduziert Unsicherheiten.

Feedbackkultur etablieren: Regelmäßiges und konstruktives Feedback hilft, Probleme frühzeitig zu erkennen und Weiterentwicklung zu fördern. Dewi plante daher, Feedbackrunden in Meetings zu integrieren.

Aktive Zuhörkultur: Gutes Zuhören ist ebenso wichtig wie das Sprechen. Mitarbeitende sollten ermutigt werden, einander aufmerksam zuzuhören und ihre Gesprächspartner wertschätzend zu behandeln.

Klare Kommunikationswege: Wer kommuniziert mit wem, auf welchem Weg und in welchem Ton? Dewi wollte gemeinsam mit ihrem Team einheitliche Standards für die interne Kommunikation definieren.

Wertschätzende Sprache: Respektvolle und wertschätzende Kommunikation ist entscheidend für ein angenehmes Arbeitsklima. Dewi wollte Schulungen anbieten, um den Mitarbeitenden die Bedeutung einer positiven Wortwahl bewusst zu machen.

Maßnahmen zur Gestaltung der Kommunikationskultur: Um die Theorie in die Praxis umzusetzen, schlug Dewi verschiedene Maßnahmen vor:

Workshops und Schulungen: Um die Bedeutung von Kommunikation bewusst zu machen und Mitarbeitende in Techniken wie aktives Zuhören, gewaltfreie Kommunikation und Feedback zu schulen.

Kommunikationsleitfaden entwickeln: Ein Handbuch mit klaren Richtlinien für die interne Kommunikation.

Regelmäßige Team-Meetings mit offener Fragerunde: Hier sollen Mitarbeitende die Möglichkeit haben, Anliegen direkt anzusprechen.

Anonyme Feedback-Tools einrichten: Damit Mitarbeitende auch kritische Themen sicher adressieren können.

Dewi war sich sicher: Eine gezielt gestaltete Kommunikationskultur kann nicht nur die Zusammenarbeit und Produktivität verbessern, sondern auch die Mitarbeiterzufriedenheit und Bindung an das Unternehmen erhöhen. Mit den richtigen Maßnahmen und einer konsequenten Umsetzung konnte ihr Unternehmen eine Kommunikationskultur schaffen, die von Offenheit, Vertrauen und Wertschätzung geprägt ist.

Change Management:

Kommunikation als Schlüssel

für Veränderungsprozesse

Dewi saß in einer Besprechung mit der Geschäftsleitung, als das Thema auf eine bevorstehende Unternehmensumstrukturierung kam. Neue Prozesse, eine modernisierte Software und eine veränderte Teamstruktur standen an. Während die Führungsebene optimistisch von gesteigerter Effizienz sprach, erinnerte sich Dewi an vergangene Veränderungsprozesse, die nicht reibungslos verliefen. Sie wusste: Der Erfolg von Change Management hängt entscheidend von der Kommunikation ab.

Nach dem Meeting rief Dewi ihr Team zusammen. „Wir müssen sicherstellen, dass diese Veränderung nicht nur von oben beschlossen, sondern von allen verstanden und mitgetragen wird", sagte sie. *„Was denkt ihr, wo könnte es Kommunikationsprobleme geben?"*

Ihr Kollege Tobias meldete sich als Erster zu Wort: „Viele Mitarbeitende fühlen sich bei Veränderungen übergangen. Sie wissen oft erst davon, wenn es schon beschlossene Sache ist. Das sorgt für Frust."

Anna, eine erfahrene HR-Managerin, nickte zustimmend. „Wir brauchen eine klare Kommunikationsstrategie. Sonst kursieren Gerüchte, und die Verunsicherung steigt."

Dewi nahm sich vor, ein strukturiertes Kommunikationskonzept für den Change-Prozess zu entwickeln. Dazu orientierte sie sich an bewährten Prinzipien:

Transparenz von Anfang an
Dewi entschied sich dafür, die Mitarbeitenden so früh wie möglich einzubeziehen. *„Wenn Menschen nicht wissen, was auf sie zukommt, entsteht Widerstand"*, erklärte sie in einer E-Mail an die Belegschaft. *„Daher werden wir regelmäßig informieren und euch aktiv in den Prozess einbinden."*

Klare und zielgruppengerechte Kommunikation
Dewi plante verschiedene Kommunikationswege: eine E-Mail für offizielle Ankündigungen, Townhall-Meetings für Fragen und Antworten und kleinere Teamsitzungen, um auf individuelle Bedenken einzugehen. *„Nicht jeder verarbeitet Informationen gleich"*, erklärte sie ihrem Team. *„Wir müssen sicherstellen, dass alle erreicht werden."*

Eine offene Feedbackkultur etablieren
Zusammen mit Tobias richtete Dewi eine anonyme Plattform ein, auf der Mitarbeitende ihre Sorgen und Fragen äußern konnten. *„Ich möchte, dass wir verstehen, wo die größten Ängste liegen"*, sagte sie. *„Nur dann können wir sie gezielt adressieren."*

Führungskräfte als Kommunikationsträger einbinden
Dewi wusste, dass die direkten Vorgesetzten eine entscheidende Rolle spielen. Deshalb organisierte sie Workshops für Führungskräfte, in denen sie lernten, wie sie ihren Teams die Veränderungen verständlich und empathisch vermitteln können.

Kontinuierliche Kommunikation
statt einmaliger Anweisungen

Change-Prozesse sind dynamisch, und Dewi
war sich bewusst, dass Kommunikation nicht
nur am Anfang wichtig ist. Sie plante regelmäßige Updates, in denen Erfolge und Herausforderungen offen angesprochen wurden.

Die Umsetzung in der Praxis

Einige Wochen später stand Dewi vor einer großen Leinwand im Meetingraum. Das erste
Townhall-Meeting startete. *„Ich weiß, dass Veränderungen Unsicherheiten mit sich bringen"*, begann sie. *„Aber ich möchte, dass ihr alle versteht:
Euer Feedback ist wertvoll. Gemeinsam werden wir
diesen Prozess gestalten."*

Nach dem Meeting kamen einige Mitarbeitende
auf sie zu. *„Danke, dass ihr uns so früh einbindet"*,
sagte ein Kollege. *„Das gibt mir das Gefühl, Teil
der Entscheidung zu sein."*

Dewi wusste, dass Change Management nicht
ohne Herausforderungen verlief, aber sie hatte

einen entscheidenden Schritt getan: Sie hatte durch Kommunikation Vertrauen geschaffen.

Storytelling in der Unternehmens-kommunikation

Dewi hatte schon oft erlebt, wie Zahlen und Fakten allein nicht ausreichten, um Menschen wirklich zu erreichen. In einer Teamsitzung erinnerte sie sich an eine Präsentation, in der ein Kollege mit einer langen Liste von Statistiken über die Entwicklung des Unternehmens berichtete. Obwohl die Zahlen beeindruckend waren, wirkte das Publikum unbeteiligt und abwesend. Sie wusste: Es fehlte eine emotionale Verbindung. Genau hier kam Storytelling ins Spiel.

„Warum merken wir uns Geschichten oft besser als trockene Fakten?", fragte Dewi in einer internen Schulung zur Unternehmenskommunikation. Die Teilnehmer schwiegen kurz, dann meldete

sich ein Kollege: „Weil Geschichten Emotionen wecken."

„Ganz genau!", bestätigte Dewi. *„Wir erinnern uns nicht an einzelne Zahlen, sondern an die Erlebnisse und Emotionen, die wir damit verbinden."* Sie beschloss, Storytelling gezielt in die Unternehmenskommunikation einzubringen.

Die Kraft des Storytellings in Unternehmen
Storytelling ist eine der ältesten und wirkungsvollsten Formen der Kommunikation. Menschen sind von Natur aus auf Geschichten programmiert. Eine gut erzählte Geschichte kann nicht nur informieren, sondern auch inspirieren, motivieren und eine tiefere Bindung schaffen. In der Unternehmenskommunikation spielt Storytelling eine entscheidende Rolle – sei es im Change Management, im Employer Branding oder in der internen Kommunikation.

Dewi erkannte, dass Geschichten besonders dann wirkungsvoll sind, wenn sie die Unternehmenskultur widerspiegeln und authentisch sind. Sie erinnerte sich an eine Situation, in der ein langjähriger Mitarbeiter in den Ruhestand ging. Statt einer trockenen Auflistung seiner Erfolge erzählte sein Vorgesetzter eine Anekdote über seinen ersten Tag im Unternehmen und wie er damals eine schwierige Situation mit Humor gemeistert hatte. Die Geschichte berührte das gesamte Team und zeigte eindrucksvoll, welchen Wert er für das Unternehmen hatte.

Storytelling gezielt einsetzen

Dewi wollte Storytelling strategisch in die Kommunikation des Unternehmens integrieren. Sie entwickelte drei zentrale Bereiche, in denen Geschichten eine starke Wirkung entfalten:

Vision und Werte vermitteln

„Warum tun wir, was wir tun?" Diese Frage war essenziell für jede Organisation. Dewi schlug vor, die Unternehmenswerte nicht nur in abstrakten Begriffen zu erklären, sondern mit realen Beispielen aus dem Alltag zu verknüpfen.

Mitarbeiterbindung und Motivation

Persönliche Erfolgsgeschichten von Mitarbeitern konnten inspirieren und motivieren. Dewi startete eine interne Kampagne, in der

Angestellte ihre Karrierewege im Unternehmen erzählten. Diese Geschichten machten deutlich, welche Entwicklungsmöglichkeiten es gab und stärkten das Zugehörigkeitsgefühl.

Change-Prozesse verständlich machen
Veränderung erzeugt oft Widerstand – es sei denn, sie wird durch eine überzeugende Geschichte begleitet. Dewi plante, Veränderungen nicht nur sachlich zu kommunizieren, sondern mit Erzählungen zu unterfüttern, die die Notwendigkeit des Wandels verständlich machten.

Die Elemente einer guten Unternehmensgeschichte
In einer weiteren Schulung teilte Dewi mit ihrem Team die Schlüsselelemente einer guten Story:

Ein Protagonist: Eine Identifikationsfigur, die im Zentrum der Geschichte steht – sei es ein Mitarbeiter, ein Kunde oder das Unternehmen selbst.

Ein Konflikt oder eine Herausforderung:

Spannende Geschichten brauchen Hürden, die überwunden werden müssen.

Eine Entwicklung oder Lösung: Wie wurde das Problem gelöst? Welche Lehre kann daraus gezogen werden?

Emotionale Verbindung: Geschichten sollten authentisch und berührend sein.

Dewi ließ ihre Kollegen eine Übung machen: Jeder sollte eine kurze Geschichte aus dem eigenen Arbeitsalltag erzählen, die eine wertvolle Lektion enthielt. Die Ergebnisse waren beeindruckend – einige Geschichten waren inspirierend, andere humorvoll, aber alle blieben im Gedächtnis.

Geschichten als strategisches Werkzeug
Dewi war überzeugt: Storytelling war weit mehr als nur ein nettes Extra in der Unternehmenskommunikation. Es war ein strategisches Werkzeug, das half, Botschaften wirkungsvoll zu transportieren, Mitarbeiter zu motivieren und den Unternehmensgeist zu stärken.

Zum Abschluss ihrer Schulung erinnerte sie ihr Team an eine einfache, aber kraftvolle Erkenntnis:

„Daten und Fakten sprechen den Verstand an – Geschichten sprechen das Herz an. Wer beides kombiniert, erreicht die Menschen wirklich."

Krisenkommunikation

Dewi hatte in ihrer Karriere bereits einige schwierige Situationen erlebt, doch nichts hatte sie so herausgefordert wie eine Krise, die ihr Unternehmen vor einigen Jahren durchlief. Ein plötzlicher Umsatzeinbruch, bedingt durch äußere Marktveränderungen, führte zu Unsicherheiten im Team. Mitarbeiter machten sich Sorgen um ihre Zukunft, Gerüchte verbreiteten sich schnell und die allgemeine Stimmung verschlechterte sich. Damals erkannte Dewi, wie entscheidend Kommunikation in Krisenzeiten ist.

Die Bedeutung von Krisenkommunikation

Krisen sind Momente der Unsicherheit, in denen Menschen nach Orientierung suchen. In Unternehmen können Krisen wirtschaftlicher, struktureller oder zwischenmenschlicher Natur sein. Die Art und Weise, wie eine Organisation kommuniziert, beeinflusst maßgeblich, ob Verunsicherung und Angst die Oberhand gewinnen oder ob Stabilität und Vertrauen bewahrt bleiben.

Dewi erinnerte sich an die Worte einer erfahrenen Führungskraft, die sie während eines Seminars zum Thema Krisenkommunikation gehört hatte:

„In einer Krise geht es nicht nur um Fakten, sondern auch um Emotionen. Menschen wollen nicht nur wissen, was passiert, sondern auch, dass sie gesehen und gehört werden."

*Grundprinzipien der
Kommunikation in Krisenzeiten*
Dewi erkannte, dass effektive Krisenkommunikation auf mehreren Säulen beruht:

Transparenz und Ehrlichkeit. Verheimlichungen oder beschönigende Aussagen können langfristig Schaden anrichten. Es ist wichtig, offen über die Situation zu sprechen und klare Informationen bereitzustellen.

Schnelligkeit und Konsistenz. Eine Krise entwickelt sich oft dynamisch. Unternehmen müssen schnell reagieren und konsistente Botschaften über verschiedene Kanäle hinweg vermitteln.

Empathie und Zuhören. Mitarbeiter und Stakeholder haben Ängste und Sorgen. Eine gute Krisenkommunikation nimmt diese Emotionen ernst und bietet Raum für Dialog.

Klare Handlungsperspektiven. Es reicht nicht aus, nur über die Krise zu sprechen. Menschen brauchen Perspektiven, um handlungsfähig zu bleiben. Führungskräfte sollten konkrete Maßnahmen aufzeigen und Orientierung bieten.

Praktische Umsetzung: Dewis Erfahrung

Als die Krise in ihrem Unternehmen eskalierte, entschied Dewi gemeinsam mit der Geschäftsführung, einen offenen Kommunikationsansatz zu verfolgen. Sie organisierten regelmäßige Meetings, in denen die aktuelle Lage und mögliche Lösungen besprochen wurden.

In einer dieser Sitzungen stellte ein besorgter Mitarbeiter die Frage: „Wie können wir sicher sein, dass unser Arbeitsplatz erhalten bleibt?"

Dewi antwortete offen: *„Wir verstehen eure Sorgen. Momentan können wir keine hundertprozentige Garantie geben, aber wir arbeiten intensiv an Lösungen. Unser Ziel ist es, gemeinsam mit euch einen Weg zu finden, um gestärkt aus dieser Situation hervorzugehen."*

Diese Ehrlichkeit half, Vertrauen aufzubauen. Gleichzeitig führten sie ein internes FAQ-Dokument ein, in dem regelmäßig auftretende Fragen beantwortet wurden. Zudem richteten sie eine E-Mail-Hotline ein, über die Mitarbeiter anonym Fragen stellen konnten.

Die Rolle von Führungskräften

In Krisenzeiten tragen Führungskräfte eine besondere Verantwortung. Sie sind nicht nur Informationsvermittler, sondern auch emotionale Stabilisatoren. Dewi erkannte, dass ihre eigene Haltung einen direkten Einfluss auf ihr Team hatte. Blieb sie ruhig und besonnen, übertrug sich diese Sicherheit auch auf andere.

Ein Schlüssel zum Erfolg war die Schulung der Führungskräfte im Unternehmen. Sie wurden darauf vorbereitet, in schwierigen Gesprächen ruhig zu bleiben, aktiv zuzuhören und lösungsorientiert zu kommunizieren. Dewi erinnerte sich an einen Workshop, in dem sie den Satz hörte:

„Führung bedeutet in der Krise, ein Leuchtturm zu sein – fest verankert, auch wenn der Sturm tobt."

Digitale Kommunikation in Krisenzeiten

In der heutigen Zeit spielen digitale Kommunikationskanäle eine essenzielle Rolle. Soziale Medien, Intranet-Plattformen und digitale Meetings ermöglichen es Unternehmen, schnell und effektiv zu kommunizieren. Dewi empfahl, während Krisen eine zentrale Informationsplattform zu nutzen, damit alle Mitarbeiter Zugang zu den neuesten Updates haben.

Kommunikation in Krisenzeiten ist eine der größten Herausforderungen, aber auch eine der größten Chancen für Unternehmen. Eine transparente, empathische und konsistente Kommunikation kann helfen, Vertrauen zu erhalten und das Team zu stabilisieren. Dewi erkannte, dass gerade in schwierigen Momenten Kommunikation zum wichtigsten Instrument wird – nicht nur, um Informationen zu vermitteln, sondern auch, um Hoffnung und Orientierung zu geben.

Kommunikations-

kompetenzen und

Werkzeuge

Gesprächsführung: Wie man überzeugend kommuniziert

Dewi betrat das Büro mit einer Mischung aus Anspannung und Neugier. Heute stand ein wichtiges Feedbackgespräch mit ihrem Team an, und sie wollte sicherstellen, dass ihre Botschaften klar und motivierend vermittelt wurden. Seit ihrer Beförderung zur Teamleiterin hatte sie sich intensiv mit verschiedenen Kommunikationstechniken auseinandergesetzt, um ihre Führungsfähigkeiten zu verbessern.

Ihr Mentor hatte ihr geraten, sich auf einige grundlegende Prinzipien der Gesprächsführung zu konzentrieren:

Aktives Zuhören: Dewi wusste, dass es nicht nur darum ging, Worte zu hören, sondern die Botschaften hinter den Worten zu verstehen. Sie nickte aufmerksam, hielt Augenkontakt und fasste gelegentlich das Gesagte zusammen, um Missverständnisse zu vermeiden.

Offene und geschlossene Fragen: In ihrem Gespräch wollte sie gezielt offene Fragen nutzen, um ihre Mitarbeiter zum Nachdenken anzuregen, während geschlossene Fragen ihr halfen, präzise Informationen zu erhalten.

Empathie zeigen: Dewi erinnerte sich an Situationen, in denen sie selbst unsicher war. Sie wollte, dass ihre Teammitglieder sich gehört und verstanden fühlten.

Nonverbale Kommunikation: Sie achtete bewusst auf ihre Körperhaltung, ihre Mimik und ihre Gestik, um Ruhe und Offenheit zu signalisieren.

Ein besonders heikles Thema stand heute auf der Agenda: die Verteilung der Verantwortlichkeiten im Team. Während einige Mitarbeiter sich über zu viel Arbeitslast beschwerten, empfanden andere ihre Aufgaben als wenig herausfordernd. Dewi erinnerte sich an das Konzept der *Zone of Possible Agreement (ZOPA)* – den Verhandlungsbereich, in dem beide Seiten eine Lösung finden konnten, mit der sie zufrieden waren.

„Lasst uns gemeinsam überlegen, wo sich unsere Interessen überschneiden", sagte sie und skizzierte auf dem Whiteboard verschiedene Optionen. Sie stellte gezielte Fragen, um herauszufinden, welche Aufgaben für wen besonders motivierend oder belastend waren. Durch aktives Zuhören und Nachfragen erkannte sie schnell, dass es nicht nur um Arbeitsverteilung ging, sondern auch um Wertschätzung und Entwicklungsmöglichkeiten.

Mit jedem Moment, in dem sie auf die Interessen ihres Teams einging und die Verhandlung innerhalb der ZOPA führte, entspannte sich die Atmosphäre. Die Mitarbeiter begannen, selbst Lösungsvorschläge einzubringen, und schließlich fanden sie eine gerechte Verteilung der Aufgaben.

Am Ende des Meetings war Dewi überrascht, wie produktiv das Gespräch verlaufen war. Sie hatte nicht nur Herausforderungen erkannt, sondern auch gemeinsam mit ihrem Team Lösungen erarbeitet. Während sie ihre Notizen durchging, wurde ihr klar:

Erfolgreiche Gesprächsführung bedeutete nicht, sich durchzusetzen – sondern eine Win-Win-Situation zu schaffen.

Fragetechniken: Die richtigen Fragen stellen, um den Dialog zu Fördern

Dewi bereitete sich auf ein wichtiges Mitarbeitergespräch vor. Sie wusste, dass erfolgreiche Kommunikation entscheidend für die Personalentwicklung war. Deshalb hatte sie sich intensiv mit verschiedenen Fragetechniken befasst, um das Gespräch effektiv zu gestalten.

„Wenn ich das richtig verstehe, gibt es unterschiedliche Fragetechniken, die je nach Situation eingesetzt werden können, richtig?", fragte sie ihren Mentor.

„Ganz genau! Lass uns gemeinsam einige durchgehen und sehen, wie du sie in deinem nächsten Gespräch anwenden kannst."

Dewi nickte und begann, sich Notizen zu machen. Ihr Mentor erklärte ihr die verschiedenen Fragetypen:

Offene Fragen: Diese fördern eine ausführliche Antwort und eine tiefere Diskussion. *Beispiel:* „Können Sie mir mehr darüber erzählen, wie Sie sich Ihre berufliche Entwicklung in den nächsten Jahren vorstellen?"

Geschlossene Fragen: Sie erfordern eine kurze, präzise Antwort wie „Ja" oder „Nein". *Beispiel:* „Haben Sie Interesse daran, an einem Schulungsprogramm für Führungskräfte teilzunehmen?"

Alternativfragen: Hierbei gibt es zwei oder mehr Antwortoptionen. *Beispiel:* „Möchten Sie Ihre berufliche Entwicklung durch eine Weiterbildung im Projektmanagement oder im Vertrieb fördern?"

Multiple-Choice-Fragen: Sie bieten eine Auswahl an Möglichkeiten. *Beispiel:* „Welche Weiterbildungsbereiche interessieren Sie am meisten? A. Führung B. Technische Kenntnisse C.

Kommunikation D. Branchenspezifisches Wissen."

Rhetorische Fragen: Diese sollen zum Nachdenken anregen. *Beispiel:* „Müssen wir betonen, wie wichtig kontinuierliche berufliche Weiterentwicklung ist?"

Suggestivfragen: Sie lenken die Antwort in eine bestimmte Richtung. *Beispiel:* „Sie möchten sich doch sicherlich weiterbilden, um Ihre Karriere voranzutreiben, oder?"

Hypothetische Fragen: Diese beziehen sich auf mögliche Szenarien. *Beispiel:* „Angenommen, Sie könnten eine Schulung Ihrer Wahl belegen – welche wäre das?"

Skalenfragen: Sie helfen, Meinungen messbar zu machen. *Beispiel:* „Wie zufrieden sind Sie auf einer Skala von 1 bis 10 mit unseren Entwicklungsangeboten?"

Probing-Fragen: Diese dienen der Vertiefung eines Themas. *Beispiel:* „Können Sie mir mehr über Ihre bisherigen Erfahrungen mit beruflicher Weiterbildung erzählen?"

Reflektierende Fragen: Sie fordern zur Selbstreflexion auf. *Beispiel:* „Wie haben Ihre bisherigen Erfahrungen Ihre beruflichen Ziele geprägt?"

Adverbiale Fragen: Sie klären Rahmenbedingungen. *Beispiel:* „Wann planen Sie, Ihre beruflichen Ziele zu erreichen?"

Strukturierende Fragen: Sie lenken das Gespräch gezielt. *Beispiel:* „Welche konkreten Maßnahmen haben Sie bereits unternommen, um Ihr Ziel zu erreichen?"

Szenario-Fragen: Sie fordern eine strategische Einschätzung. *Beispiel:* „Stellen Sie sich vor, Sie gestalten Ihre Karriere frei. Welche Schritte würden Sie unternehmen?"

Dewi erkannte, wie wichtig es war, gezielt Fragen einzusetzen. „Ich glaube, ich verstehe das Prinzip. Aber wie kann ich sicherstellen, dass ich das Gespräch erfolgreich lenke?"

Ihr Mentor lächelte. „Ein guter Tipp ist, die *Zone of Possible Agreement (ZOPA)* zu beachten. Das bedeutet, dass du herausfinden musst, wo sich eure Interessen überschneiden, sodass eine Einigung möglich ist."

Dewi notierte sich den Hinweis. Sie war bereit, ihr Wissen in die Praxis umzusetzen.

Konfliktlösung und Mediation:

Konstruktiv mit

Spannungen umgehen

Dewi hatte sich mittlerweile gut in ihre neue Rolle eingefunden, doch eines Tages wurde sie mit einer schwierigen Situation konfrontiert. Zwei Teammitglieder, die eng zusammenarbeiten mussten, hatten einen offenen Konflikt. Die Spannungen hatten sich so weit aufgeschaukelt, dass die Zusammenarbeit nahezu unmöglich wurde. Als angehende Führungskraft wusste Dewi, dass sie hier professionell handeln musste.

Privates Gespräch als Ausgangspunkt
Dewi entschied sich, zuerst mit jedem der beiden Beteiligten einzeln zu sprechen. In einem ruhigen, vertraulichen Umfeld wollte sie herausfinden, wo genau das Problem lag. „Es ist wichtig, dass beide sich gehört fühlen, bevor wir eine gemeinsame Lösung finden", dachte sie sich.

Aktives Zuhören und Empathie
Beim Gespräch mit den Mitarbeitern achtete Dewi besonders auf aktives Zuhören. Sie nickte zustimmend, fasste Gesagtes zusammen und stellte offene Fragen. Dadurch fühlte sich jeder ernst genommen, und Dewi konnte die Perspektiven besser nachvollziehen.

Klarheit und Präzision in der Kommunikation
Nachdem Dewi sich ein klares Bild vom Konflikt gemacht hatte, organisierte sie ein gemeinsames Gespräch. Hierbei legte sie klare Regeln fest: Jeder spricht aus, ohne unterbrochen zu werden, und das Ziel ist eine Lösung, keine Schuldzuweisung. Sie drückte ihre Erwartungen an eine sachliche und respektvolle Kommunikation aus.

Fragen stellen und aktives Erkunden
„Was wäre euch wichtig, damit die Zusammenarbeit wieder funktioniert?", fragte Dewi. Durch
gezielte offene Fragen regte sie beide dazu an,
konstruktive Lösungsansätze zu finden. Sie erkannte, dass der Kern des Konflikts Missverständnisse über Zuständigkeiten waren.

Die Suche nach gemeinsamen Lösungen
Anstatt ihnen eine Lösung vorzuschreiben, ermutigte Dewi beide, Vorschläge zu machen.
Dadurch entstand ein produktives Gespräch, in
dem sich beide Seiten aktiv beteiligten. Sie er-
kannten, dass eine klarere Aufgabenverteilung
helfen würde, Überforderung zu vermeiden.

Klare Vereinbarungen und Maßnahmen
Am Ende des Gesprächs hielt Dewi gemeinsam
mit den Beteiligten schriftlich fest, wer welche
Aufgaben übernimmt und wie sie in Zukunft
miteinander kommunizieren werden. So gab es
keine Missverständnisse mehr.

Vertraulichkeit und Datenschutz
Dewi stellte sicher, dass das Gespräch vertrau-
lich blieb. So gewannen die Mitarbeiter

Vertrauen in sie als Führungskraft und fühlten sich in einem geschützten Raum gehört.

Überwachung und Fortschrittsverfolgung
Um dafür zu sorgen, dass die Vereinbarungen eingehalten wurden, setzte Dewi in den folgenden Wochen kurze Check-ins an. Sie fragte beide Mitarbeiter regelmäßig nach ihrem Fortschritt und bot an, bei weiteren Problemen zu unterstützen.

Feedback und Lernmöglichkeiten
Am Ende reflektierte Dewi den gesamten Prozess: „Es war nicht einfach, aber durch effektive Kommunikation konnten wir den Konflikt lösen und sogar die Zusammenarbeit verbessern." Sie erkannte, dass Konflikte nicht zwangsläufig negativ sein müssen, sondern als Chance genutzt werden können, um zwischenmenschliche Beziehungen und Teamdynamiken zu stärken.

Mit dieser Erfahrung gewann Dewi mehr Selbstvertrauen in ihre Führungsfähigkeiten und verstand, dass ein respektvoller und strukturierter Umgang mit Konflikten den Unterschied zwischen einem angespannten

Arbeitsumfeld und einem produktiven Team ausmachen kann.

Kommunikationstraining

für effektive Teamarbeit

Kommunikation für Führungskräfte: Inspirieren, statt nur anweisen

Dewi erkannte schnell, dass ihre Rolle als Führungskraft nicht nur darin bestand, Aufgaben zu delegieren, sondern auch eine effektive Kommunikation innerhalb ihres Teams zu fördern. Sie wusste, dass eine hohe Kommunikationskompetenz entscheidend war, um Missverständnisse zu vermeiden und ein positives Arbeitsklima zu schaffen.

„Training on the Job" als Schlüssel: Dewi erinnerte sich an ein Konzept, das sie in einer Schulung kennengelernt hatte: „Training on the Job" zur Verbesserung der Kommunikationsfähigkeiten. Ihr Mentor hatte betont, dass eine kontinuierliche Entwicklung entscheidend sei, um langfristig eine starke und transparente Kommunikationskultur zu etablieren.

Bedarfsanalyse

Dewi begann mit einer Bedarfsanalyse, um herauszufinden, welche Kommunikationsbereiche in ihrem Team verbessert werden mussten. Sie führte Einzelgespräche, analysierte vergangene Missverständnisse und bat ihr Team um offenes Feedback.

Individuelle Schulungspläne

Basierend auf der Bedarfsanalyse entwickelte sie individuelle Schulungspläne. Während einige Teammitglieder Schwierigkeiten hatten, klare Erwartungen zu formulieren, mussten andere lernen, aktiver zuzuhören und gezielt nachzufragen.

Coaching und Mentorship

Dewi setzte sich mit ihrem Vorgesetzten zusammen und besprach die Möglichkeit eines Coachings für Führungskräfte. Sie fand heraus, dass erfahrene Kommunikationstrainer hilfreiche Impulse geben konnten. Zusätzlich vernetzte sie sich mit einer Führungskraft aus einer anderen Abteilung, um regelmäßig Erfahrungen auszutauschen.

Schulungen und Workshops

Sie organisierte interne Workshops, in denen praxisnahe Kommunikationsstrategien vermittelt wurden. Besonders hilfreich war eine Einheit zu „klarer Kommunikation in Meetings", da viele Teammitglieder berichteten, dass Diskussionen oft ins Stocken gerieten oder ineffektiv verliefen.

Rollenspiele

Dewi ließ ihr Team typische Kommunikationssituationen durchspielen – von Feedbackgesprächen bis hin zu Konfliktlösungen. Gerade in schwierigen Gesprächen erkannte sie, wie wichtig es war, Emotionen zu steuern und Missverständnisse aktiv zu klären.

Feedback und Reflexion

Nach jeder Schulung gab es eine Feedbackrunde. Dewi wollte dafür Sorge tragen, dass ihre Teammitglieder nicht nur neues Wissen erhielten, sondern dieses auch reflektierten und anwendeten.

Gezielte Projekte zur Anwendung

Um die erlernten Fähigkeiten in der Praxis zu festigen, plante Dewi ein Projekt, bei dem unterschiedliche Teammitglieder Präsentationen für andere Abteilungen hielten. So konnte sie überprüfen, ob ihre Kommunikation verständlicher und präziser wurde.

Peer Learning

Ein weiteres Element war das Peer Learning. Dewi richtete regelmäßige Meetings ein, in denen Teammitglieder über ihre Herausforderungen in der Kommunikation sprachen und sich gegenseitig Tipps gaben.

Unterstützungsmechanismen

Um eine langfristige Verbesserung sicherzustellen, erarbeitete Dewi mit ihrem Team eine Liste an Unterstützungsmechanismen: klare Meeting-Agenden, Check-ins zu Projektfortschritten und die bewusste Anwendung der erlernten Gesprächstechniken.

Evaluierung und Anpassung

Nach einigen Monaten überprüfte Dewi die Fortschritte. Sie führte erneut

Feedbackgespräche durch und erkannte, dass sich die Kommunikation bereits spürbar verbessert hatte. Dennoch gab es Bereiche, in denen weitere Anpassungen notwendig waren.

Ein Beispiel aus der Praxis Ein konkretes Szenario zeigte, wie sehr sich die Arbeit gelohnt hatte. Vor dem Training hatten leitende Entwickler oft Schwierigkeiten, technische Anforderungen klar zu vermitteln. Dies führte zu Frustrationen bei den Teams. Nach den Schulungen und Coachings konnten sie komplexe Sachverhalte verständlicher erklären und nahmen sich mehr Zeit für Rückfragen. Dadurch verbesserte sich die Zusammenarbeit erheblich.

Dewi war stolz auf die Fortschritte ihres Teams. Sie erkannte, dass Kommunikation eine kontinuierliche Lernreise war, die nicht nur die Effizienz steigerte, sondern auch das Arbeitsklima positiv beeinflusste. Ihr Ziel war es, diesen Prozess dauerhaft zu verankern – denn gute Kommunikation war der Schlüssel zu einer starken und erfolgreichen Teamkultur.

Erfolgreiche Kommunikation im Team: Zusammenarbeit gezielt verbessern

Dewi betrat das große, lichtdurchflutete Besprechungszimmer mit einem Gefühl von Entschlossenheit. Es war der erste Tag ihres neuen Projekts, und sie wusste, dass eine erfolgreiche Teamkommunikation der Schlüssel sein würde, um die ambitionierten Ziele zu erreichen. In ihrer Position als Teamleiterin hatte sie bereits viele Herausforderungen gemeistert, doch jedes neue Team brachte eigene Dynamiken, Eigenheiten und Herausforderungen mit sich.

Sie ließ ihren Blick durch den Raum schweifen. Einige Teammitglieder unterhielten sich angeregt, während andere noch etwas zurückhaltend wirkten. Dewi wusste, dass ein Team nur dann sein volles Potenzial entfalten konnte, wenn sich alle Mitglieder gehört und verstanden fühlten. Also begann sie das Meeting mit einer offenen Fragerunde: „Was bedeutet für euch erfolgreiche Teamkommunikation?"

Die Grundlagen der Teamkommunikation

Dewi wusste, dass Teamkommunikation über einfache Informationsweitergabe hinausging. Sie musste sicherstellen, dass alle Beteiligten nicht nur gehört wurden, sondern sich auch aktiv in die Diskussionen einbringen konnten. Deshalb setzte sie von Beginn an auf eine offene und vertrauensvolle Atmosphäre.

Offenheit und Vertrauen als Basis

„Nur wenn wir ehrlich miteinander sind und keine Angst haben, unsere Meinung zu äußern, können wir gemeinsam wachsen", erklärte sie. Vertrauen sei das Fundament jeder guten Kommunikation. Dazu gehöre auch die Bereitschaft, konstruktives Feedback zu geben und anzunehmen.

Klare und präzise Kommunikation

Dewi erinnerte sich an vergangene Projekte, in denen Missverständnisse durch vage Anweisungen entstanden waren. „Wir müssen darauf achten, dass unsere Kommunikation so klar und direkt wie möglich ist", betonte sie. Das galt sowohl für persönliche Gespräche als auch für schriftliche Kommunikation per E-Mail oder Chat.

Aktives Zuhören und Verständnis

„Ein großes Problem in Teams ist, dass viele nur darauf warten, selbst zu sprechen, anstatt wirklich zuzuhören", sagte Dewi und forderte das Team dazu auf, sich bewusst auf das Gesagte des Gegenübers zu konzentrieren, Nachfragen zu stellen und sich in die Perspektive des anderen hineinzuversetzen.

Digitale Kommunikationstools als Unterstützung

Dewi wusste, dass in der heutigen Arbeitswelt digitale Tools eine essenzielle Rolle spielten. Gerade in hybriden oder internationalen Teams erleichterten sie die Zusammenarbeit enorm. Doch sie wollte dafür sorgen, dass die Werkzeuge keinen Selbstzweck bekamen, sondern zielgerichtet eingesetzt wurden.

„Wir haben so viele Möglichkeiten: Instant-Messaging-Dienste für schnelle Absprachen, Videokonferenzen für tiefere Diskussionen und Projektmanagement-Tools für die

Organisation", erklärte sie. Sie schlug vor, dass sich das Team auf eine gemeinsame Strategie einigte, wann welches Tool zum Einsatz kam, um Chaos zu vermeiden.

Regelmäßige Abstimmungen und Reflexion

Ein weiteres wichtiges Element für eine erfolgreiche Teamkommunikation war für Dewi die kontinuierliche Anpassung und Verbesserung. Sie führte regelmäßige Meetings ein, in denen nicht nur Projektfortschritte, sondern auch die Art und Weise der Zusammenarbeit besprochen wurden.

„Was lief gut? Was könnten wir verbessern?", fragte sie am Ende jeder Woche in einer kurzen Reflexionsrunde. Auf diese Weise konnten Probleme frühzeitig erkannt und Lösungen gemeinsam entwickelt werden.

Die Bedeutung von
nonverbaler Kommunikation

Während Dewi sprach, fiel ihr auf, dass ein Teammitglied, Jonas, sich auffällig zurückhielt. Er sagte nichts, schaute aber immer wieder nachdenklich aus dem Fenster. Sie wusste, dass

Kommunikation nicht nur aus gesprochenen Worten bestand, sondern auch aus Körpersprache, Mimik und Gestik.

Nach dem Meeting sprach sie Jonas direkt an: „Ich hatte das Gefühl, dass dich etwas beschäftigt. Möchtest du darüber sprechen?" Jonas seufzte und gestand, dass er Schwierigkeiten hatte, seine Ideen in der Gruppe zu äußern. Er fühlte sich oft übergangen. Dewi versicherte ihm, dass seine Meinung wichtig sei, und bot ihm an, ihm in den nächsten Meetings gezielt das Wort zu erteilen.

Ein starkes Team durch gelungene Kommunikation
Am Ende des Tages war Dewi zufrieden. Sie hatte den Grundstein für eine offene und respektvolle Kommunikationskultur gelegt. Doch sie wusste auch, dass Kommunikation ein fortlaufender Prozess war – ein lebendiges Konstrukt, das sich mit dem Team entwickeln musste.

Mit der richtigen Haltung, den passenden Tools und einer offenen Gesprächskultur konnte jedes Team harmonisch zusammenarbeiten, Herausforderungen meistern und gemeinsam Großes erreichen.

Die Zukunft der Kommunikation in der Personalentwicklung

Neue Trends in der Personalentwicklung

Dewi saß in ihrem Büro und betrachtete die neuesten Berichte zur Personalentwicklung. Seit sie ihre Rolle als HR-Managerin angetreten hatte, war ihr bewusst geworden, wie grundlegend Kommunikationskompetenzen für die berufliche Entwicklung sind. Doch nun, in einer zunehmend digitalisierten Welt, erkannte sie, dass es nicht mehr nur darum ging, gut zu kommunizieren – es ging darum, neue Trends zu verstehen und gezielt einzusetzen, um Mitarbeiter bestmöglich zu fördern.

Ihr Unternehmen, ein aufstrebendes Technologieunternehmen, hatte in den letzten Jahren große Wachstumsschübe erlebt. Damit war auch die Herausforderung gewachsen, die interne Kommunikation und die Personalentwicklung an die sich stetig wandelnden Anforderungen der Arbeitswelt anzupassen. Dewi wusste, dass sie einen strategischen Ansatz brauchte, um ihr Team und die gesamte Belegschaft auf die Zukunft vorzubereiten.

E-Learning und Online-Weiterbildung

Dewi begann mit der Einführung einer neuen digitalen Lernplattform. Sie erinnerte sich an die Zeiten, in denen Weiterbildungen ausschließlich in Form von Präsenzseminaren stattfanden. Doch nun konnten Mitarbeiter flexibel und in ihrem eigenen Tempo lernen. Interaktive Module, Videos und Quizfragen machten das Lernen zugänglicher als je zuvor.

Mobile Learning

Besonders begeistert war Dewi von der Idee des Mobile Learnings. Sie wusste, dass viele ihrer Kollegen oft unterwegs waren oder im Homeoffice arbeiteten. Die Einführung einer App ermöglichte es ihnen, Schulungsinhalte bequem von ihren Smartphones oder Tablets aus zu nutzen – sei es in der Bahn, in einem Wartezimmer oder zwischen Meetings.

Virtuelle Realität (VR) und
Augmented Reality (AR)

Ein innovativer Aspekt, den Dewi unbedingt erkunden wollte, war der Einsatz von VR und AR in der Schulung. Sie stellte sich vor, wie neue Mitarbeiter durch eine virtuelle Büroführung die Unternehmensstruktur kennenlernen oder Ingenieure in einer Simulation komplexe Maschinen steuern konnten. Dies war keine Zukunftsmusik mehr – es war bereits realitätsnah und effizient.

Social Learning und Wissensaustausch

Dewi erkannte auch den Wert von sozialem Lernen. Die Einrichtung von internen Wissensplattformen und Online-Communities ermöglichte es den Mitarbeitern, sich aktiv auszutauschen. Sie erinnerte sich an ein Gespräch mit einem Kollegen aus der IT-Abteilung, der vorschlug, ein firmeninternes Forum einzuführen, in dem Mitarbeiter Best Practices teilen und Fragen stellen konnten. Die Idee wurde begeistert aufgenommen.

Künstliche Intelligenz (KI) und Chatbots

Dewi war besonders fasziniert von den Möglichkeiten, die Künstliche Intelligenz bot. Ein Chatbot wurde entwickelt, um neue Mitarbeiter durch ihre ersten Wochen zu begleiten und schnelle Antworten auf häufig gestellte Fragen zu geben. Darüber hinaus halfen KI-gestützte Lernplattformen, personalisierte Schulungsvorschläge, basierend auf den Interessen und Fortschritten der Mitarbeiter, zu unterbreiten.

Gamification und Lernspiele

Um das Engagement der Mitarbeiter weiter zu steigern, setzte Dewi auf Gamification. Sie führte ein Punktesystem ein, bei dem Mitarbeiter für das Absolvieren von Schulungen Belohnungen erhielten. Kleine Wettbewerbe, Ranglisten und interaktive Spiele machten das Lernen nicht nur effektiver, sondern auch unterhaltsam.

Datenschutz und Sicherheit

Bei all diesen Neuerungen war sich Dewi bewusst, dass Datenschutz und Sicherheit oberste Priorität hatten. Sie arbeitete eng mit der IT-Abteilung zusammen, um zu garantieren, dass die digitalen Lernplattformen den neuesten Sicherheitsstandards entsprachen und die Daten der Mitarbeiter geschützt blieben.

Individualisierte Personalentwicklung

Ein weiterer wichtiger Aspekt war die Individualisierung der Personalentwicklung. Dewi entwickelte mit ihrem Team ein System, das die

Stärken und Entwicklungsfelder jedes einzelnen Mitarbeiters erfasste und individuelle Weiterbildungsprogramme erstellte. Mitarbeiter konnten sich so gezielt auf ihre Karriereziele vorbereiten.

Remote Work und virtuelle Teams

Da das Unternehmen verstärkt auf Remote Work setzte, war es essenziell, dass auch die Kommunikation und Schulungen im digitalen Raum effektiv funktionierten. Dewi initiierte virtuelle Meetings und digitale Workshops, um sicherzustellen, dass auch Teams, die sich selten persönlich sahen, erfolgreich zusammenarbeiteten.

Nachhaltigkeit und soziale Verantwortung

Schließlich stellte Dewi sicher, dass das Unternehmen auch im Bereich Nachhaltigkeit und soziale Verantwortung Vorreiter blieb. Sie integrierte Schulungsprogramme, die Mitarbeiter für umweltfreundliche Praktiken sensibilisierten, und führte ein Programm ein, das soziale Projekte unterstützte.

Als Dewi am Ende des Tages auf ihre Arbeit blickte, wusste sie, dass sie und ihr Team auf dem richtigen Weg waren. Die Kommunikation in der Personalentwicklung entwickelte sich rasant weiter, und sie war entschlossen, die Chancen dieser neuen Trends voll auszuschöpfen. Die Zukunft der Kommunikation würde nicht nur effizienter, sondern auch inspirierender sein – und Dewi war bereit, diesen Wandel aktiv mitzugestalten.

Technologie und Kommunikation: Digitale Transformation im HR-Bereich

Dewi hatte sich mittlerweile in ihrer neuen Rolle gut eingelebt. Ihre Arbeit an der Verbesserung der internen Kommunikation und der Führungskräftetrainings zeigte bereits erste Erfolge. Doch während eines Strategie-Meetings mit der Geschäftsleitung wurde ihr bewusst, dass sie sich einem noch viel größeren Thema widmen musste: der Digitalisierung der Personalentwicklung.

Ihr Unternehmen war zwar bereits digital gut aufgestellt, aber Dewi erkannte, dass moderne Technologien nicht nur den Alltag erleichterten, sondern auch völlig neue Wege für die Mitarbeiterentwicklung eröffneten. In ihrer Funktion als Personalentwicklerin wurde sie zunehmend mit Begriffen wie „Big Data", „HR Analytics" und „On-Demand-Learning" konfrontiert. Diese Konzepte versprachen eine Revolution in der Art und Weise, wie Wissen vermittelt und Talente gefördert wurden.

Eines Morgens saß Dewi mit ihrem Team in einem Meetingraum, während auf dem großen Bildschirm eine Präsentation lief. Die IT-Abteilung stellte die neuesten Entwicklungen im Bereich „People Analytics" vor. Dewi hörte aufmerksam zu, während der IT-Spezialist erklärte, wie moderne Systeme mittlerweile riesige Mengen an personalrelevanten Daten auswerten konnten, um individuelle Lernpfade zu erstellen.

„Mit HR-Analytics-Software können wir Daten aus verschiedenen Quellen kombinieren – Schulungsfortschritte, Mitarbeiterfeedback, sogar

Kommunikationstrends aus unseren Kollaborations-Tools", erklärte er. „Dadurch können wir genau sehen, welche Weiterbildungsangebote effektiv sind und wo es noch Lücken gibt."

Dewi war fasziniert, aber auch skeptisch. Sie wusste, dass Big Data viele Vorteile mit sich brachte, doch gleichzeitig stellte sie sich Fragen zum Datenschutz und zur Qualität der Analysen. „Es klingt beeindruckend", sagte sie nachdenklich, „aber gibt es nicht auch Herausforderungen? Wie stellen wir sicher, dass unsere Mitarbeiter nicht das Gefühl bekommen, nur noch Zahlen in einem System zu sein?"

„Ein wichtiger Punkt", bestätigte der IT-Spezialist. „Die Technologie kann uns zwar helfen, fundierte Entscheidungen zu treffen, aber am Ende geht es immer noch um Menschen. Deshalb müssen wir einen ausgewogenen Ansatz finden – datenbasierte Erkenntnisse nutzen, ohne den menschlichen Faktor aus den Augen zu verlieren."

Dewi nickte. Sie beschloss, sich näher mit dem Thema zu befassen. In den folgenden Wochen tauchte sie tief in die Welt der digitalen Personalentwicklung ein. Sie las über „On-Demand-Learning", das es Mitarbeitern ermöglichte, genau dann auf Lerninhalte zuzugreifen, wenn sie diese benötigten. Sie sah sich Beispiele für Gamification an, bei denen Lernprozesse durch Belohnungssysteme und interaktive Elemente motivierender gestaltet wurden.

Besonders beeindruckt war sie von der Idee des „Social Learnings". In vielen Unternehmen nutzten Mitarbeiter bereits Plattformen wie YouTube oder TED-Talks, um sich eigenständig weiterzubilden. Warum also nicht diese Form des Lernens auch gezielt in das Unternehmen integrieren?

Dewi entschied sich, ein Pilotprojekt zu starten. Sie wollte eine digitale Lernplattform aufbauen, die sowohl klassische E-Learning-Kurse als auch interaktive Elemente wie Webinare, Diskussionsforen und VR-gestützte Trainings beinhaltete. Sie kontaktierte externe Anbieter, sprach mit Führungskräften und stellte eine kleine Arbeitsgruppe zusammen, um das Konzept zu testen.

Doch die Digitalisierung brachte nicht nur Chancen, sondern auch Herausforderungen. Manche Mitarbeiter fühlten sich von der Flut an Informationen überfordert. Andere vermissten den persönlichen Kontakt bei Schulungen. Wieder andere waren besorgt über den Schutz ihrer Daten.

Dewi wusste, dass sie diese Bedenken ernst nehmen musste. Sie plante regelmäßige Feedback-Runden und ermutigte die Mitarbeiter, ihre Erfahrungen mit den neuen Technologien zu teilen. In einem Workshop diskutierte sie mit den Teams über Datenschutz und erarbeitete gemeinsam mit der IT-Abteilung Lösungen, um maximale Transparenz zu gewährleisten.

Schritt für Schritt wurde die neue Strategie Realität. Die digitale Lernplattform wurde eingeführt, erste Schulungen fanden online statt und Mitarbeiter begannen, sich aktiv an der Gestaltung ihres eigenen Lernprozesses zu beteiligen.

Eines Tages kam Tom, ein langjähriger Mitarbeiter aus der Entwicklungsabteilung, zu Dewi und sagte: „Ich war anfangs skeptisch, aber ich muss zugeben, dass das neue System echt gut funktioniert. Ich kann mir genau die Schulungen heraussuchen, die ich brauche, und sie direkt in meinen Arbeitsalltag integrieren. Das spart mir eine Menge Zeit."

Dewi lächelte. Sie wusste, dass dies erst der Anfang war. Die Technologie würde sich weiterentwickeln, neue Trends würden entstehen – aber eines war klar: Der Schlüssel zum Erfolg lag nicht in der Technologie selbst, sondern in der Art und Weise, wie sie genutzt wurde. Die Zukunft der Kommunikation in der Personalentwicklung war digital – aber sie war auch menschlich.

Schlusswort:

Die wichtigsten

Erkenntnisse

auf einen Blick

Dewi saß an ihrem Schreibtisch und betrachtete gedankenverloren die Notizen, die sie im Laufe ihrer Reise durch die Welt der Kommunikation in der Personalentwicklung gesammelt hatte. Die letzten Monate waren eine intensive Zeit des Lernens und der Erkenntnisse gewesen. Was als Herausforderung begann – die Verbesserung der Kommunikation in ihrem Unternehmen –, hatte sich zu einer tiefgehenden Auseinandersetzung mit den fundamentalen Prinzipien der zwischenmenschlichen Interaktion entwickelt.

Mit einem tiefen Atemzug rief sie sich all die wichtigen Lektionen ins Gedächtnis, die sie auf diesem Weg gelernt hatte:

Kommunikation als Schlüssel zur Personalentwicklung

Die wohl wichtigste Erkenntnis war, dass Kommunikation weit mehr ist als ein Werkzeug – sie ist das Fundament für Wachstum und Entwicklung. Ohne eine klare, effektive Kommunikation bleiben Potenziale ungenutzt und Chancen verpuffen. In der Personalentwicklung ist sie der Motor, der Wissen vermittelt, Karrieren formt und Teams verbindet.

Die Bedeutung von Kommunikationsmodellen

Dewi erinnerte sich an die verschiedenen Kommunikationsmodelle, die sie kennengelernt hatte. Vom linearen Modell bis hin zu konstruktivistischen Ansätzen boten sie wertvolle Orientierungshilfen. Besonders das Sender-Empfänger-Modell und das Vier-Seiten-Modell nach Schulz von Thun hatten ihr geholfen, Missverständnisse in ihrem Team besser zu analysieren und zu lösen.

Die Kraft der verbalen und nonverbalen Kommunikation

Dewi war erstaunt gewesen, wie oft Worte allein nicht ausreichten. Tonfall, Körpersprache und Mimik waren ebenso entscheidend, um eine Botschaft richtig zu vermitteln. Die Fähigkeit, auch nonverbale Signale bewusst einzusetzen, hatte in ihrem Team bereits für spürbare Verbesserungen gesorgt.

Teamkommunikation als Erfolgskriterium
Eine der wichtigsten Lektionen war, dass kein Team ohne klare, transparente Kommunikation wirklich funktionieren kann. Missverständnisse, Unsicherheiten und ineffiziente Abläufe hatten oft ihren Ursprung in unzureichendem Austausch. Durch bewusste Strategien wie offene Feedback-Kultur, regelmäßige Meetings und strukturierte Kommunikationskanäle hatte Dewi erlebt, wie sich das Arbeitsklima in ihrem Unternehmen nachhaltig verbesserte.

Neue Trends und Entwicklungen
Besonders faszinierend war für Dewi der Blick in die Zukunft der Kommunikation. Die Digitalisierung, mobile Lernformate, Virtual Reality, Künstliche Intelligenz und Gamification boten vollkommen neue Möglichkeiten, die Personalentwicklung noch effektiver zu gestalten. Sie erkannte, dass Unternehmen, die diese Entwicklungen ignorierten, Gefahr liefen, den Anschluss zu verlieren.

Individualisierung und soziale Verantwortung
Schließlich wurde Dewi bewusst, dass eine moderne Personalentwicklung nicht nur effizient,

sondern auch individuell und verantwortungsbewusst sein musste. Jeder Mitarbeiter hat unterschiedliche Bedürfnisse, Lernstile und Ziele. Die Herausforderung besteht darin, die Entwicklung so zu gestalten, dass sie diesen individuellen Faktoren gerecht wird, ohne die Unternehmensziele aus den Augen zu verlieren.

Mit einem Lächeln lehnte Dewi sich zurück. Sie wusste, dass ihre Reise mit diesen Erkenntnissen nicht zu Ende war. Vielmehr hatte sie die Grundlage geschaffen, um die Kommunikation in ihrem Unternehmen langfristig zu verbessern. Es lag an ihr und ihrem Team, die gewonnenen Einsichten in die Praxis umzusetzen und eine Kultur des offenen, effektiven Austauschs zu etablieren.

Zum Schluss richtete sie einen inneren Dank an alle, die sie auf diesem Weg begleitet hatten. Kommunikation war kein statisches Konzept, sondern ein lebendiger Prozess – einer, den sie nun mit neuen Augen sah.

Einladung zur Umsetzung

Für alle, die diese Reise durch die Welt der Kommunikation mit ihr unternahmen, hatte Dewi eine letzte Botschaft: Die wahre Herausforderung beginnt erst jetzt. Es reicht nicht, Kommunikation zu verstehen – sie muss gelebt werden. Sie lädt Sie ein, die erlernten Prinzipien in Ihren eigenen Teams und Organisationen anzuwenden. Denn am Ende des Tages ist es die Qualität unserer Kommunikation, die den Unterschied macht und den Weg für eine erfolgreiche Zukunft ebnet.

Mit diesen Gedanken schloss Dewi ihre Notizen und bereitete sich darauf vor, das Gelernte in die Tat umzusetzen…

Über den Autor

Sven Tebeck arbeitet auf Senior-Level im Personalmanagement innerhalb der Personaldienstleistung und bringt umfassende Erfahrung aus Vertrieb, Service und HR mit. Nach zwei kaufmännischen Ausbildungen, darunter als Kaufmann im Dialogmarketing, studierte er Business Management mit dem Schwerpunkt Human Resources.

Besonders geprägt haben ihn seine Jahre im B2B- und B2C-Vertrieb sowie im Kundenservice. Tätigkeiten, in denen Kommunikation täglich über Erfolg oder Misserfolg entscheidet. In dieser Zeit absolvierte er zahlreiche Fortbildungen im Bereich der Kommunikation, unter anderem im Banking-, Service- und Vertriebsumfeld. Diese praxisnahe Schulung und Anwendung haben ihm ein tiefes Verständnis für die Wirkung von Sprache, Tonalität und Haltung vermittelt.

Heute gibt er sein Wissen weiter. Nicht als abstrakte Theorie, sondern als konkretes Werkzeug für den Arbeitsalltag.

Mit diesem Buch verbindet er wissenschaftlich fundierte Grundlagen mit einer leicht zugänglichen Erzählweise. Sein Ziel: Menschen helfen, Kommunikationsprobleme zu erkennen, zu vermeiden und gemeinsam erfolgreicher zu arbeiten.